DON BOSCO

Monika Lehner

NIKOLAUS

feiern mit Ein- bis Dreijährigen

DON BOSCO

Gerne nehmen wir Ihre Anregungen, Wünsche, Kritik oder Fragen entgegen:
Don Bosco Medien GmbH, Sieboldstraße 11, 81669 München
Servicetelefon: (089) 48008-341

Bibliografische Information der Deutschen Nationalbibliothek
Die Deutsche Nationalbibliothek verzeichnet diese Publikation in der Deutschen Nationalbibliografie; detaillierte bibliografische Daten sind im Internet über http://dnb.d-nb.de abrufbar.

1. Auflage 2011 / ISBN 978-3-7698-1878-9

www.donbosco-medien.de
Umschlag: Manfred Lehner, BlueCat Design
Umschlagfotos: Manfred Lehner
Layout: ReclameBüro München
Illustrationen: Antje Bohnstedt
Notensatz: Nikolaus Veeser, Schallstadt
Satz: Don Bosco Kommunikation, München
Druck: Don Bosco Druck & Design, Ensdorf

Gedruckt auf umweltfreundlichem Papier

Inhalt

Kleine Kinder feiern Feste

Feste gehören als Höhepunkte mit in den Alltag. Sie machen einen Tag, eine Stunde zu etwas Besonderem, Herausgehobenem. Für kleine Kinder ist alles neu! Ob beim Martinsfest mit seinen bunten Laternen, beim Nikolausbesuch oder im Advent mit seinem strahlenden Höhepunkt am Weihnachtsabend, ob im lustigen Faschingstreiben oder bei der Eiersuche zum Osterfest – die Kinder kommen mit den traditionellen Festen in Berührung, lernen ihre Symbolik kennen und erleben ihre jeweils ganz besondere Stimmung. Und das in einem Alter, in dem ohnehin das Alltägliche schon sensationell ist! Ein einfacher Spaziergang, der Besuch beim Bauern oder ein Bilderbuch bieten jeweils ganz neue Sinneseindrücke und Erfahrungen. Langsam machen sich die Ein- bis Dreijährigen ein Bild von der Welt ... und eben auch von den traditionellen Festen. Wir dürfen die Kinder auf diesem Weg begleiten.

Es geht um die Kinder!

Zentrales Anliegen der Buchreihe „Kleine Kinder feiern Feste" ist es, die Ein- bis Dreijährigen ins Zentrum der Festplanung und -durchführung zu stellen. Sie sind die Hauptpersonen – generell in der Krippe oder Kita und ganz besonders bei Festen. Immer wenn wir uns sensibel auf die kleinen Kinder einlassen, werden wir die pädagogische Arbeit mit Ein- bis Dreijährigen als vielfältig, reich, sinnvoll und mit viel Freude verbunden erfahren. Diese Freude ist im Alltag, im täglichen Zusammensein mit den Kindern genauso zu erleben wie an Festtagen.

Nehmen wir uns bei der Festgestaltung ein Beispiel an der gutmütigen „Henriette Bimmelbahn" von James Krüss! Ein Fest soll kein Schnellzug sein, der an den Kindern vorbei- oder gar über sie hinwegrauscht, nur am „Fahrplan", also an sich selbst und seinen festen Traditionen orientiert. Lieber ein gemütlicher Bummelzug, der die Kinder einsteigen lässt, wo und wann sie können und möchten, und der sie bei Bedarf, bei Überforderung oder Irritationen, wieder aussteigen lässt und dafür die Fahrt kurz unterbricht.

Zur Buchreihe

Die Bücher der Reihe „Kleine Kinder feiern Feste“ wenden sich an alle, die im Rahmen von Kita und Eltern-Kind-Programm mit der Altersstufe eins bis drei befasst sind.

Die pädagogischen und praxisorientierten Ausführungen zu den einzelnen Festen basieren auf der Auseinandersetzung mit Ein- bis Dreijährigen, ihrer Wahrnehmung und Weltsicht, ihren Empfindungen und Bedürfnissen. Die Praxis ist gestützt von pädagogischem Hintergrundwissen, eigenen Gedanken und Reflexionen, die Theorie von der täglichen Praxis und reflektierter Erfahrung durchdrungen. Die Bücher sind so nicht eigentlich am *Schreibtisch* entstanden, sondern sozusagen im *Bodenkreis* – ganz nah bei den Kindern.

Die Bücher bieten eine brauchbare pädagogisch-praktische Melange, die auch ein wenig zum Nachdenken und zur Überprüfung eigener pädagogischer Standpunkte anregen soll. Alle praktischen Anregungen, seien es Lieder, Fingerspiele oder Bastelvorschläge, gehen auf langjährige Berufserfahrung mit Ein- bis Dreijährigen zurück, sind erprobt und orientieren sich an den Entwicklungsaufgaben und -themen, an den Möglichkeiten und Grenzen der kleinen Kinder.

In der fachlich-pädagogischen Arbeit mit Ein- bis Dreijährigen, im Zusammensein mit kleinen Kindern, stehen weder die originelle Idee, noch das jeweilige Fest im Vordergrund, sondern zuallererst das Kind. So wird aus den einzelnen Büchern jenseits des Themenschwerpunkts des jeweiligen Festes immer auch viel allgemeine Krippenpädagogik herauszulesen sein – übertragbar und anwendbar. Dies war mein Anliegen und ist meine Hoffnung.

Monika Lehner

Nikolaus feiern mit Ein- bis Dreijährigen

Sack und Schlitten, Äpfel und Nüsse, Warten und Herzklopfen, Glockengebimmel und Spuren im Schnee, Freude und Schokolade!

Das Fest von Sankt Nikolaus ist für Kinder jeden Alters ein ganz besonderer Tag im Kalender, ein Tag voller Geheimnisse, voll Bangen und Freude. Der Namenstag des heiligen Nikolaus hat eine große eigenständige Bedeutung und ist gleichzeitig eingebettet in die von zahlreichen Ritualen geprägte Adventszeit. Schon bald nach dem ersten Adventssonntag bildet der Nikolaustag den Höhepunkt der Vorweihnachtszeit.

Historisches und Legende

Die hochverehrte Person des heiligen Nikolaus, obgleich historisch keineswegs gut belegt, ist in der allgemeinen Wahrnehmung bis heute von großer Präsenz und Bedeutung. Im Laufe der langen Zeit einer wechselvollen Interpretation unterworfen, ist die Nikolauslegende um den mildtätigen Bischof nach wie vor lebendig. Die Rituale rund um den 6. Dezember scheinen eher wieder an Bedeutung zuzunehmen, wenn auch nicht immer sinnerfüllt und nicht immer im eigentlichen Sinne des katholischen Heiligen.

Historische Quellen rund um die Heiligengestalt weisen zum einen auf den mildtätigen Abt Nikolaus von Sion aus dem 6. Jahrhundert hin und zum anderen auf den für die allgemeine Rezeption bedeutenderen Bischof Nikolaus. Dieser lebte im 4. Jahrhundert in Myra, in dem kleinen Ort Demre in der heutigen Türkei, etwa 100 km vom bekannten Touristenzentrum Antalya entfernt.

Lebensgeschichte des heiligen Nikolaus

Nikolaus von Myra wurde um 285 in Patara in Kleinasien geboren. Seine Eltern boten ihm materielle Sicherheit, eine gute Schulbildung und erzogen ihn im christlichen Glauben. Schon in jungen Jahren wurde er zum Priester geweiht und wurde später Abt und Bischof. Während der Christenverfolgung soll er gefangen genommen und gefoltert worden sein. Nachdem das Christentum zur offiziellen

Religion erhoben wurde, konnte Nikolaus sein Bischofsamt wieder ungehindert ausüben. Für die damalige Zeit hoch betagt, verstarb Bischof Nikolaus um 350 in Myra. Sein Todestag wird auf den 6. Dezember datiert und markiert auch seinen Namenstag.

Zahllose Kirchen wurden zu Ehren des heiligen Nikolaus errichtet und sein Namenstag war bis 1969 sogar ein allgemeiner katholischer Feiertag. Im Laufe der Zeit wurde der Nikolaustag immer mehr zum Kinder- und Familienfest.

Nikolaus, der Retter in der Not

Nikolaus stammte aus einem wohlhabenden Elternhaus und soll sein ererbtes Vermögen unter den Armen und Bedürftigen verteilt haben. Um sein Wirken ranken sich zahlreiche wunderbare Legenden. So rettete er drei unschuldig zum Tode Verurteilte vor der Hinrichtung, indem er dem Henker das Schwert aus der Hand riss. Auch die Zeugen dieser Rettung, drei byzantinische Feldherren, wurden zum Tode verurteilt. Sie erflehten nun ihrerseits die Hilfe des Bischofs aus Myra und wurden von Nikolaus ebenfalls vor ihrem sicheren Schicksal bewahrt.

Nikolaus rettete in Seenot geratene Schiffsleute, indem er unerkannt das Steuer in schwerer See übernahm und den Sturm zum Abflauen brachte.

Zu den bekanntesten Legenden gehört das Kornwunder. Während einer Hungersnot ließ Bischof Nikolaus aus einem im Hafen vor Anker liegenden Schiff Getreide für die notleidende Bevölkerung ausladen. Die Schiffsmannschaft wollte diesem Ansinnen nicht folgen, da sie das ganze Korn zum Zielhafen bringen musste und im Falle fehlender Ladung mit harten Strafen rechnen musste. Nikolaus versicherte ihnen, dass niemeand Schaden erleiden würde. Nachdem das entladene

und verteilte Korn den Hunger der Menschen nachhaltig gestillt hatte, fehlte kein Körnchen bei der Ankunft beim Auftraggeber der Schiffsladung. Bewunderung und Verehrung waren dem frommen Bischof von Myra gewiss.

Nikolaus, der Wohltäter der Kinder

Nikolaus erweckte drei Schüler von den Toten, die in einem Gasthaus ausgeraubt und grausam ermordet, zerstückelt und eingepökelt worden waren. Wundersamerweise waren sie durch die Fürbitten des Nikolaus unversehrt dem Tod entflohen. Dies mag seine Rolle als Patron der Schüler begründet haben.

Nicht nur Schüler, sondern viele Kinder wurden den Legenden zufolge durch das Gebet und Handeln des Bischofs Nikolaus gerettet oder vor großem Schaden bewahrt.

Die Basis für die Überlieferung seiner besonderen Liebe zu den Kindern bildet jedoch die Legende der drei Goldklumpen. Nikolaus hat für die drei Töchter eines verarmten Mannes heimlich nachts für jedes Mädchen einen Goldklumpen durch das Fenster geworfen. Die Gabe stellte die zur Verheiratung unverzichtbare Mitgift dar. Nikolaus bekehrte so den Vater der Kinder zu einem gottgefälligen Lebenswandel und bewahrte die Mädchen vor einem Schicksal in Würdelosigkeit und Armut – Nikolaus, der Wohltäter der Kinder.

Brauchtum

So zahlreich sich die Legenden um die Person des Sankt Nikolaus ranken, so unterschiedlich und vielfältig sind auch die Bräuche und Riten rund um sein Leben und Wirken ausgeprägt.

In vielen klösterlichen Schulen des Mittelalters war der Brauch des „Kinderbischofs“ verbreitet. Die Schüler wählten zum Nikolaustag aus ihren Reihen einen Würdenträger, der nach dem Prinzip der „verkehrten Welt“ den Erwachsenen predigen durfte. So konnte manche Kritik und der eine oder andere Wunsch nach Veränderung oder Verbesserung aus Sicht der Kinder in einem geschützten Rahmen vorgetragen werden. Vereinzelt soll dieser „Kinderbischof“ bis zum

28. Dezember, dem „Fest der unschuldigen Kinder“ in Amt und Würden geblieben sein.

Sankt Nikolaus beschert die Kinder

Seit dem 14. Jahrhundert ist das Nikolausfest ein Familienbrauch. Mit langem, weißen Bart und angetan mit einem Bischofsgewand, Mitra, und Krummstab zieht der Nikolaus von Haus zu Haus und beschenkt die Kinder. Aus seinem goldenen Buch liest er die guten und weniger guten Taten der Kinder heraus, lobt oder tadelt sie oder fragt sie nach ihrem Wissen zu religiösen und kirchlichen Themen. Danach werden die Kinder vom heiligen Nikolaus beschenkt. Häufig tritt der heilige Bischof den Kindern nicht in leibhaftiger Person gegenüber, sondern füllt die eigens für ihn vor die Tür gestellten Stiefel, Socken oder Gabenteller.

Ursprünglich war der 6. Dezember das Datum der weihnachtlichen Gabenbescherung für die Kinder. Die ablehnende Skepsis der Reformation gegenüber der katholischen Heiligenverehrung schaffte den Nikolausfeiertag vielerorts ab und führte das Christkind ein, das fortan die Geschenke am 24. Dezember, dem Geburtstag von Jesus Christus, brachte. Die Bescherung am Vorabend des ersten Weihnachtsfeiertags wurde, abgesehen von wenigen regionalen Abweichungen, allgemeiner Brauch. Während im norddeutschen Raum der dem heiligen Nikolaus in Aussehen und Habitus verwandte Weihnachtsmann die Gaben bringt, ist im süddeutschen und gesamten deutschsprachigen Alpenraum das Christkind der so geheimnisvolle wie freundliche Gabenüberbringer.

Nikolaus und Christkind sind heute „friedlich“ nebeneinander existierende Elemente des christlichen Brauchtums, sehr zur Begeisterung der Kinder, die nun zweimal die Freude des Beschenktwerdens erleben dürfen.

Nikolausgaben

Traditionell bringt der Nikolaus den Kindern Nüsse, Mandarinen und Äpfel und eine kleine Nascherei aus Schokolade – meist ein in Goldpapier gewickelter Schokoladen-Nikolaus.

Mehr und mehr sind Tendenzen zu beobachten, dass der Nikolaus auch materielle Geschenke bringt. Eigentlich schade, verdirbt dies doch die Freude der Kinder an den ganz einfachen Dingen.

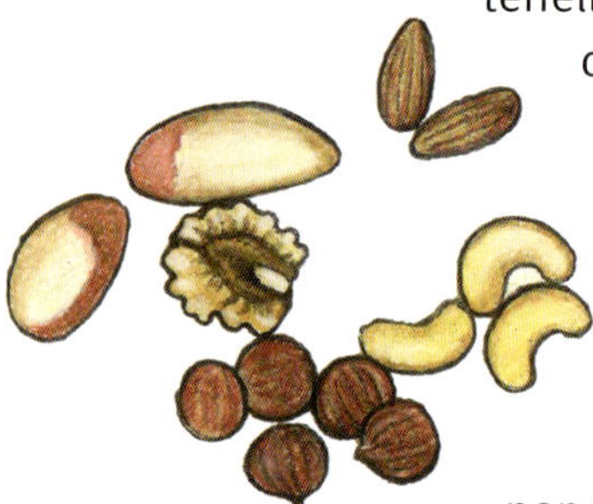

Regional war und ist auch verbreitet, dass Kinder am Abend des 5. oder 6. Dezember als Nikolaus verkleidet von Haus zu Haus gehen und ein frommes Sprüchlein aufsagen oder ein Nikolauslied vortragen. Kann jemand erraten, wer unter dem Bischofsgewand steckt? Bevor sie weiterziehen, bekommen die Kinder einen kleinen Geldbetrag oder eine süße Gabe.

Knecht Ruprecht, der finstere Begleiter

Nikolaus, dem in allen christlichen Ländern bekanntesten und beliebtesten Volksheiligen, ist häufig ein finsterer Geselle zugesellt. Dieser auf den Satansmythos zurückgehende Begleiter symbolisiert die dunkle Seite der Lichtgestalt, verweist aber auch auf vorchristliche Bräuche zur Dämonenabwehr. In der üblichen Lesart zähmt und beherrscht der Nikolaus als positive Figur den „Knecht Ruprecht“ oder „Krampus“, wie er regional unterschiedlich im Volksmund genannt wird. Seltener wird Sankt Nikolaus von freundlichen Engeln bei seinem Besuch in den Familien unterstützt. Engel stehen für die weibliche, behütende Kraft, während die verschiedenen Krampusse eine männliche, oft drohende und strafende Energie repräsentieren. Das Brauchtum ist lebendig und wandelbar und so lässt es auch ohne Verlust einen Besuch des heiligen Nikolaus ohne wie auch immer gearteten Begleiter zu.

Im Laufe der Zeit hat sich auch die Ausrichtung der Nikolausfigur immer wieder gewandelt. Die Interpretation bewegt sich zwischen einem liebevollen, gebenden Heiligen und einem belohnenden und bestrafenden Ersatzerzieher, der Kinder sogar in den Sack stecken lässt.

Auch optisch gibt es eine beachtliche Bandbreite: vom Bischof in geistlichem Ornat mit rotem Mantel, Mitra und Krummstab, über den allgegenwärtigen Werbeträger mit roter Zipfelmütze bis hin zur fassadenkletternden Comicfigur.

Die Konturen der einzelnen Figuren – ob in leiblicher oder abbildender Form – vermischen sich mehr und mehr. Der amerikanisierte Weihnachtsmann als gemütlich polternder Gabenonkel ist heute die weltweit dominierende Rezeption des Volksheiligen. In jüngerer Zeit gibt es allerdings starke Bestrebungen, dem Bischof Nikolaus in seinem geistlichen Gewand gegenüber Santa Claus wieder zu seinem Recht zu verhelfen.

Hilfsbereitschaft und Mildtätigkeit – Die zentrale Botschaft des Festes

Bedeutung der Legende und religiöse Dimension

Der heilige Nikolaus war als Bischof ein hoher Würdenträger der Kirche. Doch nicht allein daher rührt seine Bedeutung. Vor allem die Erinnerung an seine Hilfsbereitschaft und seine mildtätigen Taten machte ihn zum allseits beliebten Volksheiligen. Sein Wirken war geprägt durch eigene Bedürfnislosigkeit, tätige Nächstenliebe, Beistand für die Armen und Bedürftigen und der besonderen Liebe zu Kindern.

Der heilige Nikolaus hat seine Gaben verschenkt. Daran wollen wir uns erinnern. Das Wesen des Schenkens ist Geben ohne Gegenleistung, ohne Forderung. Der Legende nach wirkte Sankt Nikolaus sogar oft im Verborgenen – ungesehen und unerkannt. Er verfuhr nicht nach der weit verbreiteten Regel „Tue Gutes und rede darüber!“. Gerade dieses bescheidene Auftreten hat zu seiner Beliebtheit und zu anhaltender Verehrung beigetragen. Nicht umsonst ist er Nothelfer und

Schutzpatron zahlreicher Berufe sowie der Schüler, die sich mit ihren Sorgen und Nöten an ihn wenden können. Unter seinem besonderen Schutz stehen die Kinder. Hier klingen auch die Worte Jesu an: „Werdet wie die Kinder!“ (Markusevangelium 10,13–16). Kinder sind unschuldig und frei von berechnender Erwartung. Ihre Freude ist unverbildet und authentisch. Sankt Nikolaus macht ihnen Mut, schenkt Frieden und Freude und bringt Licht und Glanz in Kinderaugen.

Tätige Nächstenliebe für „Gottes Lohn“

Die Geschichten rund um Nikolaus zeigen Kindern, aber auch uns Erwachsenen einen Heiligen, einen Menschen, der in eindrucksvoller Weise im Geiste Jesu gelebt hat. Sein Handeln können wir uns zum Vorbild nehmen. Auf Reichtum und großen Wohlstand hat er zu Gunsten seiner armen und hilfsbedürftigen Mitmenschen verzichtet. Lieber weihte er sein Leben Gott und erfüllte dessen Gebote nicht nur in Wort und Schrift, sondern auch durch sein Tun und Handeln. Das macht ihn zu einer authentischen und wahrhaftigen Figur. Er arbeitete für „Gottes Lohn“, diese Redensart passt gut zu Sankt Nikolaus.

Hell und dunkel – gut und böse

Der traditionelle Auftritt von Sankt Nikolaus und seinem Begleiter Knecht Ruprecht symbolisiert die Spaltung des Menschen und der Welt in hell und dunkel, gut und böse. Der heilige Nikolaus repräsentiert das Gute, Weise, Gerechte und Gebende. Seine Kraft bezieht er aus einer natürlichen Autorität. Knecht Ruprecht hingegen steht für die dunkle, strafende, durch Angst herrschende Kraft. Er bleibt an die helle Macht seines Herrn gebunden und ist alleine nicht handlungsfähig. Nikolaus zähmt und beherrscht seinen rauen Begleiter, der letztlich den abgespaltenen „bösen" Teil der „guten" Macht verkörpert.

Diese Dualität von Gut und Böse ist eine dem christlichen Weltbild geschuldete Anordnung. Sie kann allerdings unterschiedlich interpretiert werden: Gut und Böse als scharf voneinander getrennte Pole mit klaren Grenzen – so wie Nikolaus und Krampus – oder als miteinander konkurrierende Qualitäten innerhalb der menschlichen Seele mit fließenden Übergängen zueinander: Hell und Dunkel als die zwei Seiten EINER Medaille.

Können Menschen, können wir Eltern und Erzieher, können Kinder nur „gut", nur „böse", sprich: nur brav oder unartig sein? Versuchen wir das Gute und Helle in uns selbst und den Kindern zu entdecken und zu fördern sowie das Dunkle und Böse zu erkennen und hin zum Besseren zu entwickeln.

Zusammenwirken von Familie und Kita – Themen für den Elternabend

Die Bedeutung der Elternarbeit zum Nikolausfest ist gar nicht zu überschätzen. Rund um das Thema Nikolaus können ganz beachtliche Unterschiede in der Heranführung und Handhabung in Familie und Kita auftauchen. Im Rahmen des Elternabends zur Advents- und Weihnachtsvorbereitung legen wir besondere Aufmerksamkeit auf die Reflexion und Gestaltung dieses für die Kinder so bedeutsamen Tages.

Terminfragen und Festgestaltung

Am 6. Dezember steht der Namenstag des heiligen Nikolaus im Kalender. Am Vorabend des Nikolaustages bzw. am Morgen oder Abend dieses Datums wird traditionell das Fest des Sankt Nikolaus in den Familien begangen. Nicht immer ist es möglich, in der Kita das Nikolausfest genau an diesem Tag durchzuführen. Zu überlegen ist außerdem, ob ein Vorgriff auf das abendliche Familienereignis sinnvoll ist. Ist es für unsere Kinder nicht schlicht verwirrend und überfordernd, an einem Tag zweimal Besuch vom heiligen Nikolaus zu bekommen? Für Ein- bis Dreijährige ist der Kalender noch kein Thema. Ein Tag hin oder her ist daher ohne Belang. Ein kleiner zeitlicher Abstand zum Familienfest kann für Kinder hilfreich sein, insbesondere, wenn Verunsicherung und Ängste erlebt wurden.

Die praktische Ausrichtung und Gestaltung des Nikolausbesuchs in der Gruppe ist ebenfalls Thema des Elternabends:

- Kommt der Nikolaus leibhaftig in die Einrichtung oder stellt er für die Kinder etwas vor die Tür?
- Findet das Nikolausfest in der Einrichtung mit oder ohne Eltern statt?
- Wird Hilfe der Eltern bei der Festvorbereitung benötigt? Vielleicht kann jemand einen besonders schönen Schlitten oder ein kuscheliges Schaffell für die Inszenierung des Nikolausbesuchs zur Verfügung stellen ...

Wir informieren die Eltern über unsere Planungen rund um den Nikolausbesuch. Die Vorschläge des Teams zur Festgestaltung werden den Eltern jeweils gut begründet dargestellt. Krippenpädagogisches Fachwissen und Praxiserfahrung spielen hier eine Rolle. Wir sollten aber auch offen genug sein, um kreative und sinnvolle Anregungen der Eltern in unsere Festplanung aufzunehmen.

Nachdenken über die Nikolausfigur

Die inhaltlich-pädagogische Ausrichtung des Nikolausfestes und seiner Vorbereitung darf neben den organisatorischen Fragen nicht zu kurz kommen. Der Elternabend ist eine gute Gelegenheit, die Figur des Sankt Nikolaus und der ihm zugedachten Rolle im gemeinsamen Austausch zu reflektieren. Diese gedankliche Auseinandersetzung betrifft nicht nur die Kita, vielmehr kann sie auch für die Gestaltung des Nikolausbesuchs in den Familien bedeutsam sein und wichtige Denkanstöße bieten.

Unser Hauptaugenmerk sollte bei unseren Überlegungen nicht auf den Erwartungen von Eltern und pädagogischem Fachpersonal liegen. Vielmehr geht es um die Sensibilisierung für das Empfinden der Kinder und die Planung eines gelungenen Nikolausfestes, an das die Kinder gerne zurückdenken – vielleicht mit ein wenig wohligem Schauer, aber ohne Angst.

Die meisten Erwachsenen mit christlicher Sozialisation sind geprägt von eigenen, mehr oder weniger erfreulichen Nikolauserlebnissen, die nachträglich in der Erinnerung oft verklärt werden. Häufig werden alte Verhaltensmuster unbewusst weitergegeben. Dies gilt für Eltern in gleichem Maße wie für pädagogische Fachleute.

Austausch über Erleben und Gefühle der Kinder

Rückmeldung der Eltern bei Irritationen und Ängsten

Wir bitten die Eltern eindringlich, uns von eventuell aufgetretenen Irritationen beim Kind während des Nikolausbesuchs in der Familie oder im Freundeskreis zu berichten. Wichtig ist dabei, dass wir den Eltern klar signalisieren, dass uns bewusst ist, dass es auch ohne grimmige Inszenierung zu Irritationen kommen kann. Machen wir den Eltern den pädagogischen Hintergrund klar, werden sie sich nicht kontrolliert oder bewertet fühlen.

Sind bei einzelnen Kindern Ängste aufgetreten, können wir in der Kita darauf eingehen und die Gefühle der Kinder auffangen. Vor allem sind wir für die Gefühle der Kinder sensibilisiert und werden sie vor weiteren beunruhigenden Erfahrungen zu bewahren suchen oder ihnen beim Nikolausbesuch eine besonders beschützende Begleitung anbieten.

Information der Eltern durch die Erzieherinnen

Wichtig ist aber auch die Information und Kommunikation über das kindliche Erleben des Nikolausbesuchs in umgekehrter Richtung. Eltern wollen und sollen erfahren, wie ihre Kinder beim Nikolausfest reagiert haben: War das Kind in festlicher Aufregung und voller Freude oder hat es sich erschreckt, hat geweint und sich im Schutz der Erzieherin zu verstecken versucht?

Die Information ist für die Eltern auch deshalb wichtig, weil Kinder oft längere Zeit brauchen, um ihre Erlebnisse, positive wie negative, zu verarbeiten. So manch unruhige Nacht kann auf das Nikolausfest folgen, auch ohne dass aus der Wahrnehmung der Erwachsenen etwas Verstörendes passiert wäre. Im pädagogischen Austausch zwischen Tür und Angel kann so manche Sorge der Eltern aufgefangen werden.

Sankt Nikolaus als Erziehungsgehilfe?

Immer noch kommt es vor, dass die menschenfreundliche Gestalt des heiligen Nikolaus als moralisierende Erziehungsinstanz missbraucht wird. In seinem goldenen Buch steht alles über die Kinder geschrieben. Da diese angebliche Allwissenheit aus der Sicht der Eltern oder Erzieher gespeist wird, wird ein eigentlich göttliches Element in sehr weltlicher Absicht instrumentalisiert. Dies geschieht vielleicht nicht mehr mit so viel Angst und Schrecken wie früher, ist aber dennoch einschüchternd und Angst auslösend für die Kinder. Und kleine Kinder sind besonders leicht und nachhaltig zu erschrecken!

Die pädagogische Instrumentalisierung der Nikolausgestalt ist bei Ein- bis Dreijährigen in ganz besonderem Maße abzulehnen. Man stellt die Kinder schutzlos einer höheren, vollkommen undurchsichtigen Macht gegenüber, die sie weder in einen Erlebnis- noch Wissenszusammenhang einordnen können. So tut man Sankt Nikolaus genauso unrecht wie den Kindern.

Brave Kinder

Früher brachte Nikolaus und Krampus den „braven“ Kindern ein Gabensäckchen und den „bösen“ eine aus Reisig gebundene Rute, symbolisch auch als Züchtigungswerkzeug zu verstehen. So lautete zumindest bis weit in die 1960er-Jahre die Lockung und Drohung gegenüber Kindern. Schon Wochen vor dem 6. Dezember bekam so manches Kind beim kleinsten Fehlverhalten eine Rute anstatt der ersehnten Nüsse und Orangen in Aussicht gestellt. Auch dass die weniger braven Kinder vom Krampus in seinen dunklen Sack gesteckt werden, wurde nicht selten vorhergesagt. Diese Zeiten sind Gott sei Dank vorbei. Hartnäckig hält sich aber noch immer die Formel: „Wenn du brav bist, bringt dir der Nikolaus etwas." Damit wird eine fragwürdige Tradition weitergegeben. Vor allem bei den kleinen Kindern ist das völlig widersinnig, sind sie doch von Grund auf gut und reinen Gewissens!

Das wohlgefällige „Bravsein" muss ohnehin hinterfragt werden. Was ist darunter eigentlich zu verstehen? Im Italienischen ist bravo/brava ein moralisch wertfreies, anerkennendes Lob. Das Wörtchen wird oft und gern und immer dann benutzt, wenn eine Sache gut gemacht worden ist – ganz im Sinne unseres „Bravo" beim begeisterten Applaus. Im deutschen Sprachgebrauch ist brav jedoch klar im Sinne von folgsam, nicht aufsässig und angepasst besetzt. „Brav sein" bedeutet also, sich „brav" an Regeln aller Art zu halten.

Regeln sind im Zusammenleben zweifelsohne wichtig. Kinder sollen sich jedoch nicht formelhaft an Regeln halten. Sie sollen vielmehr lernen, soziale Zusammenhänge zu erspüren, zu verstehen und ihr Verhalten ihrem Wesen gemäß sowie der Gemeinschaft zuträglich zu entfalten. Kleine Kinder tasten sich in dieses soziale Lernen langsam hinein. Sie leben dabei ihre Bedürfnisse und Empfindungen noch ganz unmittelbar aus. Durch vielfältige Entwicklungs- und Anpassungsprozesse wird sich ihr Verhalten langsam in ihre soziale Umwelt einfügen. Dazu brauchen sie die Rückmeldung der Gemeinschaft – Vorbild, Bestärkung und klare Grenzen, auch Lob und Tadel. Die soziale Gemeinschaft, Eltern und Fachpersonal sollten aus sich heraus stark und sicher genug sein, die Kinder ohne pädagogisch instrumentalisierten Nikolaus zu „erziehen".

Brave Kinder sind häufig nur äußerlich angepasste Kinder. Wir wollen die Kinder aber in ihrer Entwicklung zu ganzheitlichen, authentischen Individuen begleiten – zu sowohl selbstbewussten als auch kritikfähigen und sozialen Menschen.

Nikolaus als Schnuller-Abgewöhner?

Eine beliebte, immer noch verbreitete Idee von Eltern ist, dass Kinder dem Nikolaus ihren Schnuller „schenken", sozusagen im Ausgleich für das Nikolausgeschenk. Die Erwartung, das Kind brauche danach keinen Schnuller mehr, weil es ihn „freiwillig" dem Nikolaus übergeben hat, ist aber pädagogisches Wunschdenken.

Wir sollten die Eltern aufklären, dass natürliche Entwicklungsschritte der Kinder nicht durch eine solche Intervention forciert werden können und auch nicht sollten. Benutzt ein Kind seinen Schnuller, so braucht es ihn und ist an ihn gewöhnt. Nuckeln, ob an Schnuller oder Flasche, kann für Kinder vielerlei bedeuten: Rückzug, Geborgenheit, Sicherheit, Beruhigung. Schnuller und Nuckelfläschchen sind im Übrigen Instrumente, die den Kindern von den Eltern angewöhnt wurden, mehr oder weniger ausgeprägt. Manchmal geht es so weit, dass Eltern (oder Erzieherinnen) den Kindern ihre Nuckel- und Kuschelutensilien sogar hinterher tragen, selbst wenn das Kind nicht danach verlangt. Der Wunsch nach ständigem Nuckeln kann bisweilen Züge einer echten Abhängigkeit tragen. Die Gewöhnungsphase ist ein langer Prozess, beginnend oft schon in den ersten Lebenstagen. Dies soll hier nicht kritisiert werden. Es stellt sich aber die Frage: Wie soll sich ein Kind in einem feierlichen Moment einfach von einer tief verankerten Gewohnheit verabschieden können, indem es seinen Schnuller dem Nikolaus übergibt? Es wird kein anderes Rezept zu erfinden sein: Die Entwöhnung

vom Nuckeln muss langsam, das kindliche Bedürfnis respektierend und seine Entwicklung doch fordernd und fördernd, begleitet und unterstützt werden.

Dies gilt auch und sogar in ganz besonderem Maße beim Thema „Sauberwerden". Sankt Nikolaus will keine Windeln und kein Töpfchen entgegennehmen. Eltern und Erzieherinnen müssen sich dieser Aufgabe stellen und können sie nicht an den Nikolaus delegieren.

Hinführung der Ein- bis Dreijährigen an das Fest

Unsere Kinder sind durch die kleinen Rituale im Advent bereits ein wenig festlich gestimmt. Die erste Kerze brennt und ein Hauch von vorweihnachtlichem Zauber liegt in der Luft. Der Nikolaustag am 6. Dezember folgt in vielen Jahren sehr schnell auf den 1. Adventssonntag, für eine intensive Einstimmungsphase bleibt also eher wenig Zeit. Dies wird vom Kita-Team oft als stressig und letztlich unbefriedigend erlebt. Für Ein- bis Dreijährige sind die Rituale rund um Adventskranz und Adventskalender neu und vielleicht noch gar nicht richtig verinnerlicht, da steht das nächste „Highlight" schon ins Haus. Hüten wir uns vor Feste-Hektik und bewahren wir auch die Kinder davor! In der Nikolauswoche lassen wir das Adventsgeschehen ein klein wenig in den Hintergrund treten und legen den Schwerpunkt auf den Nikolausbesuch mit seiner Vor- und Nachbereitung. Am Festtag zu Ehren des heiligen Nikolaus darf auch der Adventskalender gerne einmal übersprungen werden. Die Kerze auf dem grünen Kranz leuchtet ja und so bleiben wir eingebunden in die Adventszeit.

Für die Kleinsten ist alles neu

Eingebettet in die wartende und staunende Atmosphäre der Vorweihnachtszeit begegnet unseren Kindern nun das Nikolausmotiv. Manche Zwei- bis Dreijährige erinnern sich vielleicht noch an den Besuch des Nikolaus vom letzten Jahr. Für die Einjährigen ist es dagegen ein ganz neues Thema und Erleben. Ungeachtet der Allgegenwart des „Santa Claus" in Geschäften, auf Märkten und im gesamten öffentlichen Raum bleibt das kleine Fest in der Kita zu Ehren des heiligen Nikolaus noch ein ganz unvergleichliches, einzigartiges Erlebnis für die Kinder.

Erste Erfahrungen prägen fürs Leben

Die pädagogische Arbeit rund ums Nikolausthema geht mit Ein- bis Dreijährigen von einer fundamental anderen Basis aus als etwa im Kindergarten. Hier wird das Thema erstmalig den Kindern nahegebracht, während ältere Kinder schon über sehr genaue Erinnerungen und Erwartungen zum Nikolausfest verfügen. Daraus folgt ein besonders sensibler Umgang mit dem Thema bei kleinen Kindern, da grundlegende Wahrnehmungen und Prägungen vermittelt werden. Dies sollten Krippenpädagogen nie aus den Augen verlieren. Im Mittelpunkt der Festgestaltung steht das kindliche Erleben. Versuchen wir deshalb, unsere Kinder wirklich wahrzunehmen, mit Herz und Verstand.

Wer war Bischof Nikolaus?

„Nikolaus ist ein lieber Mann!"

Schon von der ersten Berührung mit dem Nikolausthema achten wir in der Krippe darauf, Sankt Nikolaus als liebevolle, gute und gebende Figur zu charakterisieren. Er liebt die Kinder und kommt, um ihnen eine kleine Freude zu bereiten. Er liebt alle Kinder gleich und keines wird vergessen. Wir signalisieren unseren Kindern ganz grundsätzlich, dass sie den geheimnisvollen Besuch am 6. Dezember voller Vertrauen und ungetrübter Vorfreude erwarten dürfen. Vermeiden wir hier vor allem augenzwinkernde Doppelbotschaften, die dem Nikolaus eine pädagogische Rolle zuschreiben. Bleiben wir ganz in der wahrhaftigen Ebene.

Erste Begegnung mit der Nikolauslegende

Die Auseinandersetzung mit der Nikolausgeschichte und ihrer religiösen Bedeutung ist als Hintergrund unserer pädagogischen Arbeit wichtig. Es schadet nicht, sich jedes Jahr das scheinbar altbekannte Wissen wieder aufs Neue anzueignen und sich wirklich darauf einzulassen. Den Kindern gegenüber beschränken wir uns auf die Legende der Kinderbeschenkung in ihrem elementaren Gehalt: Kinder waren bedürftig – Nikolaus hat dies gesehen – Nikolaus hat den

Kindern etwas geschenkt und ihnen so Hilfe zuteil werden lassen (→ *Die Nikolauslegende – ganz einfach erzählt,* Seite 44). Die Details der Legende von den drei Goldklumpen, dem zweifelhaften Lebenswandel des Vaters, der drohenden Entehrung der Mädchen, der historische Hintergrund der Mitgift – all dies ist für kleine Kinder weder verständlich noch von Belang. Die Qualität liegt hier in der Reduzierung. Im Krippenalter geht es um eine gefühlsmäßige Basis für künftige Begegnungen und Erfahrungen rund um das Nikolausthema. Je älter die Kinder werden, umso mehr Details wollen und werden sie erfahren.

Den Kindern die Nikolausbotschaft vorleben

Den religiösen Aspekt des Nikolausfestes vermitteln wir dann glaubhaft, wenn wir seine Botschaft tief in uns selbst wahrhaftig empfinden und ohne Angst- und Drohimpulse an unsere Kinder weitergeben. Wir führen den heiligen Nikolaus als positive Identifikationsfigur und leuchtendes Vorbild in die Wahrnehmung der Kinder ein. Durch unser eigenes liebevolles und solidarisches Tun, unsere gebende und verstehende Grundhaltung den Kindern gegenüber tragen wir zur praktischen und wahrhaftigen Vermittlung der Nikolausbotschaft bei. Die christliche Symbolkraft des heiligen Nikolaus will gelebt werden – jedem gegenüber und jeden Tag aufs Neue. Eine Herausforderung, die Kinder und mehr noch uns Erwachsene stets begleitet.

Die Gestalt des Knecht Ruprecht

Von den vielerorts üblichen furchterregenden Auftritten von Krampus & Co sollten kleine Kinder verschont bleiben. Dabei gehört es auch zu unseren pädagogischen Aufgaben, die Eltern im Gespräch oder im Rahmen eines Infoabends hierfür zu sensibilisieren. Gelegentlich ist die Ansicht zu hören, die Figuren hätten ihre Schreckenskraft längst eingebüßt, das jedoch ist die abgeklärte und wenig einfühlsame Sicht der Erwachsenen. Kinder begegnen dem Thema vielleicht zum ersten Mal. Sie gehen ganz neu in ihr Erleben. Es ist kaum zu ermessen, was ein tiefer Schrecken durch eine dunkel inszenierte Krampusgestalt in einer Kinderseele anrichtet. Niemand zwingt uns zur Weitergabe dieser finsteren Tradition, vor allem nicht bei ein- bis dreijährigen Kindern.

Knecht Ruprecht als hilfsbereiter Begleiter des Nikolaus

Der Krampus oder Knecht Ruprecht wird in unterschiedlicher Weise dargestellt. Die Bandbreite reicht dabei vom armen Gehilfen des Nikolaus, der ihn unterstützt, den Sack zu tragen und die Gaben zu verteilen, über den dunklen und rauen Gesellen, der den Kindern Angst einflößt bis hin zur Ketten rasselnden Schreckgestalt, der die „bösen" Kinder in den Sack steckt. In der Kita verzichten wir auf die Darstellung der zwei letztgenannten Figuren und halten uns an das erste Bild vom hilfsbereiten Begleiter, wie er beispielsweise in dem Bilderbuch „Wie Nikolaus einen Gehilfen fand" (··· Seite 62) dargestellt wird.

Unser Nikolauslied

Zunächst wählen wir EIN Lied, das die Kinder sowohl inhaltlich als auch atmosphärisch auf den Nikolaustag vorbereitet. Ungeachtet der vielen schönen Melodien zu Sankt Nikolaus beschränken wir uns auf ein kindgerechtes Maß. Die Kinder signalisieren uns sehr genau, ob sie ein Lied wirklich aufnehmen und deshalb immer wieder singen möchten. Singen wir während der Hinführungsphase im Morgenkreis stimmungsvoll weitere Nikolauslieder, so tragen wir diese den Kindern vor, ohne sie im eigentlichen Sinne „einzustudieren". Dabei ist nicht entscheidend, ob jedes Wort verstanden wird. Der Liedschatz wird durch Zuhören und Einfühlen gleichsam passiv erweitert und trägt auch passiv zur Vertiefung des kindlichen Erlebens bei.

Beschränkung auf wenige, stimmige Impulse

Dreh- und Angelpunkt des kindlichen Erlebens rund um Sankt Nikolaus bildet jedoch das „Hauptlied“ für das Nikolausfest in der Kita. Mit fröhlichem Klatschen begleitet, wird es bald zum geliebten Ritual. Nikolausbild, Bildgeschichte, Fingerspiel und Kreisspiel gesellen sich diesem zentralen Motiv der Festvorbereitung langsam hinzu. Wir achten darauf, die kleinen Kinder nicht mit zu vielen unterschiedlichen Angeboten zu konfrontieren und sie so zu überfordern.

Die Reduzierung auf wenige, stimmige Impulse ist krippenpädagogisch sinnvoll und kleinen Kindern gemäß. Besser ein einziges Lied zum Themenkreis und nur *ein* gut passendes Buch als ein breit gefächertes Repertoire. Die Kinder brauchen und lieben die Wiederholung. Über immer wiederkehrende Worte und Bilder eignen sie sich Form und Inhalt an und vertiefen ihre Wahrnehmung sowie ihr Erleben.

Raumschmuck und Basteln rund um Sankt Nikolaus

Advent und Nikolaus sind untrennbar miteinander verbunden. Schon vor dem 6. Dezember füllen sich die Räumlichkeiten der Kita langsam aber stetig mit vorweihnachtlichem Schmuck. Zwischen Tannenzweigen, schimmernden Kerzen und Sternen findet nun auch das Geschehen um den heiligen Nikolaus seine optische Entsprechung.

Die Gestaltung der Kita-Räume

In ganz natürlicher Weise verbindet sich die pädagogische Hinführung und Begleitung der Kinder rund um das Nikolausthema mit der Ausschmückung der Räume. Dabei kann ein rasches Anbringen von allerlei Dekorationsartikeln unser Ziel nicht sein! Wenige, dafür stimmige und sprechende Motive rund um das Nikolausthema verbildlichen den Besuch des heiligen Nikolaus für die Ein- bis Dreijährigen. Die einzelnen Elemente verdeutlichen den Kindern das geheimnisvolle Geschehen und nähren die kindlichen Vorstellungen rund um Sankt Nikolaus.

Wir achten darauf, dass die Kinder sowohl Verständnis als auch emotionale Beziehung zu den gewählten Dekorations- und Gestaltungselementen aufbauen können. Verständnis meint hier nicht ein Verstehen auf der kognitiven Ebene. Das emotionale Erleben der Kinder soll in der Abbildung widerhallen, in der Vorbereitung, aber auch im Nachklang. Wir bieten den kindlichen Gedanken und ihren inneren Bildern eine Projektionsmöglichkeit auf der sichtbaren und greifbaren Ebene, ohne die Nikolausgestalt zu entzaubern. Geheimnisse sollen und dürfen bestehen bleiben.

Eine Nikolausfigur und viele Nikolaussäckchen

Der Adventsschmuck der Kita-Räume wird zum Nikolausfest um eine bildliche Gestaltung des Sankt Nikolaus bereichert. Auch die selbst gebastelten „Behältnisse“ für die erhofften Gaben, ob Socken, Stiefel, Tüten, Teller oder Säckchen aus vielerlei Material, schmücken den Raum. Da der Nikolaus sehr beschäftigt ist – es warten ja so viele Kinder gespannt auf seinen Besuch! – werden ihm die

Kinder in der Kita gern ein wenig behilflich sein. Im Vorfeld fertigen wir also gemeinsam mit den Kindern fleißig Nikolaussäckchen oder -stiefel (··· Seite 34ff). Nacheinander werden die fertigen Säckchen zwei, drei Tage vor dem Nikolaustag gut sichtbar aufgehängt, zum Beispiel auf einer quer durch den Raum gespannten Wäscheleine, einer Tannengirlande oder an einem grünen Zweig. Das ist dekorativ und bietet den Kindern eine wichtige Verständnishilfe: Am Nikolaustag wird für die Kinder deutlich sichtbar und damit ganz klar nachvollziehbar: Der Nikolaus hat die Säckchen in der Nacht mitgenommen, mit seinen Gaben gefüllt und in den Sack gelegt.

Eine (plastische) Figur des heiligen Nikolaus fertigen wir vor dem Fest an, ob im Verborgenen oder zusammen mit den Kindern (··· Seite 39ff). Vielleicht findet sich aber auch im Fundus eine passende Figur und wird in schöner Tradition jedes Jahr wieder hervorgeholt. Fehlt die Zeit zum Selbermachen, wäre eine *Ostheimer* Nikolaus-Holzfigur eine gute Alternative. Erst am Nikolaustag selbst wird die schlicht und schön gestaltete Figur im Gruppenraum aufgestellt.

Beschränken wir uns auf eine einzige Nikolausfigur und verzichten bewusst auf eine Anhäufung rotbemantelter Figuren, so verdeutlichen wir das Besondere und die Einzigartigkeit des Sankt Nikolaus und werden seiner historischen und spirituellen Bedeutung gerecht.

Vom Selbermachen

Was auch immer wir in welcher Technik anfertigen, unsere Kinder erleben und erfahren etwas Grundlegendes: Man kann selbst etwas herstellen – aus Stoff und Garn, aus Papier und Kleber. Etwas Neues entsteht! Diese Basiserfahrung ist heute keine Selbstverständlichkeit mehr. Auch in den Familien wird immer weniger „hergestellt". Alles gibt es zu kaufen. Alles gibt es im Überfluss. Dabei ist so manches mit wenig Aufwand selbst zu machen. Basteln, Nähen und Werken benötigt allerdings mehr Zeit als ein Griff ins Ladenregal. Doch diese miteinander tätig verbrachte Zeit macht gerade einen Großteil der Qualität von „Eigenproduktionen" aus.

Überdies trainiert man handwerkliches Geschick und Feinmotorik, fördert das Verständnis für aufeinander folgende Arbeitsvorgänge und findet manch überraschende und kreative Lösung bei unvorhergesehenen Tücken der Praxis. Auch durch interessierte Beobachtung einer handwerklichen Arbeit lernen die Kinder viel vom Selbermachen, an der einen oder anderen Stelle können sie ja auch immer ein wenig mithelfen. Der kleinste Handgriff, den Kinder als sinnvoll erleben und dessen Folge sie später wiederfinden, macht Kinder stolz und stärkt ihre innere Beziehung zum „Produkt". (···› Detaillierte Ausführungen zum Basteln mit Krippenkindern in: Monika Lehner: Advent und Weihnachten feiern mit Ein- bis Dreijährigen, Don Bosco, München 2011)

„Selbermachen" bietet eine unschätzbare Qualität, die weit hinausgeht über die Funktionalität des durch eigenes Geschick und Tun entstandenen Werkstücks.

Nikolaustüten und -stiefel

Praxis-Ideen

Klassische Geschenktüten

Material:

Papier, Bastelkleber, Klebeband, Schere, Geschenkband (Kräuselband), Bürolocher, Goldstift

Zum individuellen Verzieren Material für Kartoffeldruck, Stempel, Korken, Goldpapier, Sticker

Diese Bastelarbeit ergibt eine standfeste Tüte, was sich bei der Herstellung, aber vor allem später beim Nikolausfest als Vorteil erweist. Als Grundform für unsere Nikolaustüten verwenden wir einen noch ungeöffneten Karton Knäckebrot. Dieses Modell gibt die Größe vor und macht das Basteln der Tüten logisch und leicht. Geschenktüten ohne stabile Grundform zu kleben ist eine Herausforderung und für kleine Kinder geradezu unmöglich.

Wir schneiden das Bastelformat aus mittelfestem Papier zurecht. Exakte Maßangaben sind nicht zu machen, da dies von der genauen Größe des jeweiligen Vorlagenkartons abhängt. Das Papierformat muss die Schachtel in der Breite mindestens 1,5 cm überlappen und in der Höhe die Schachtelhöhe plus die Breite ihres Bodens messen. Unsere Nikolaustüte wird später dieselben Maße wie der Vorlagenkarton aufweisen.

Jetzt geht es ans Tütenkleben: Diese Bastelei ist prinzipiell rasch und in einem Zug zu bewerkstelligen. Gerade deshalb darf jedes Kind alleine und mit der Ruhe, Zeit und Aufmerksamkeit, die es wünscht und braucht, seine Nikolaustüte herstellen.

Der Vorlagenkarton wird oben bündig an das Papier angelegt und damit umwickelt. An der überlappenden Stelle wird ein wenig flüssiger Bastelkleber aufgetragen und festgedrückt. Nun wird die Form aufgestellt und das oben überlappende Papier wie bei einem Päckchen rundherum eingeschlagen und an

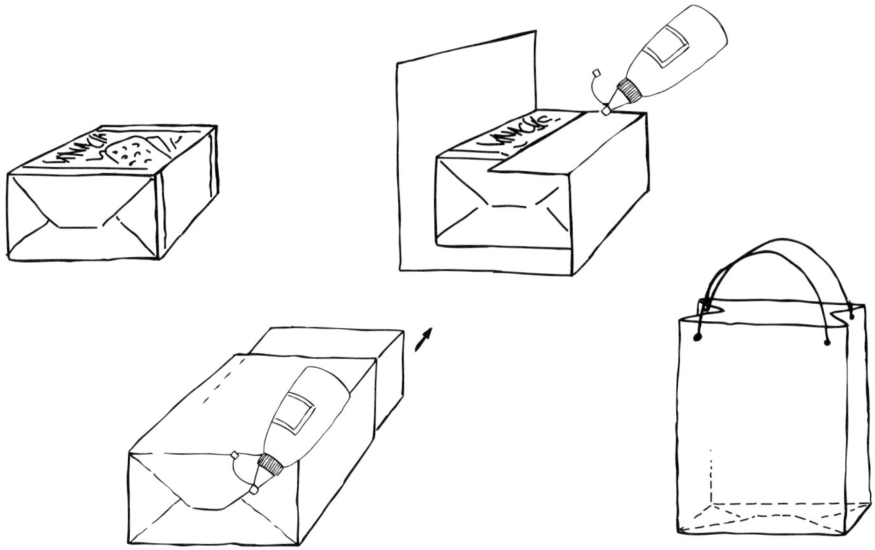

mehreren Stellen mit einem Punkt Bastelkleber fixiert. Da dies den gefalteten Tütenboden darstellt, geben wir zur Sicherheit noch einen kleinen Streifen Klebeband über die Mitte des übereinandergeschlagenen Papiers. Wieder umgedreht kann das Bastelkind den Brotkarton vorsichtig aus der Tüte ziehen, wobei die Erzieherin die Papiertüte hält. „Oh, jetzt kann man schon hineinlugen in die kleine Tüte. Leider ist noch gar nichts drin. Wer wird wohl etwas hineinlegen?“

Am oberen Rand wird die Tüte seitlich jeweils hälftig eingeknickt und erhält so die klassische Form der Geschenktüten. Jetzt wird mit dem Bürolocher in die geknickte Tüte an der oberen Öffnung links und rechts jeweils ein Loch gestanzt. Hier sind die Kinder mit großer Kraftanstrengung und viel Stolz dabei. Nun noch eine Schere in die Hand und ein Stück festes Geschenkband abgeschnitten. Die Kinder fädeln das Band mit unserer Hilfe durch die Löcher und wir schlingen einen einfachen Knoten. Das Tütchen ist fertig und kann im Gruppenraum aufgehängt werden. Gut sichtbar, dass es von Sankt Nikolaus auch bestimmt nicht übersehen wird.

... individuell verziert

Mit Kartoffeldruck, Korkendruck oder vorgefertigten Stempeln

Das Papier für Nikolaustüten oder -säckchen jeder Art kann von den Kindern bedruckt werden. Für Naturpapier eignet sich goldene Temperafarbe, bei eingefärbtem Papier kann auch bunt gedruckt werden. Mit Kartoffeldruck, Korkendruck oder vorgefertigten Stempeln in passenden Motiven lässt sich das Papier verzieren.

Das vorbereitende Bedrucken hat dabei eher Manufakturcharakter: die Arbeitsschritte werden wegen der notwendigen Trocknungsphase getrennt voneinander ausgeführt werden. Dies erfordert schon eine Menge Verständnis für den Arbeitsprozess. Gerade deshalb sollten wir besonders darauf achten, dass jedes Kind später auch „sein“ Papier weiterverarbeitet.

Mit Goldpapier oder mit Stickern beklebt

Die Kinder können aber auch die fertig gefalteten Tüten mit ausgestanzten Sternen aus Goldpapier oder mit passenden Stickern bekleben. Diese Reihenfolge der Arbeitschritte fördert den kindlichen Bezug zum Endprodukt, da die schon sichtbare Tüte geschmückt wird.

Bei individuellem Schmuck der Papiere schreiben wir in der oberen Mitte des Formats den Namen des Kindes mit Goldstift in festlicher Schrift. Die Kinder entwickeln eine Beziehung zu „ihrer“ Tüte und wären arg enttäuscht, würden sie am Nikolaustag eine andere überreicht bekommen.

... aus Geschenkpapier

Einfacher, wenn auch weniger individuell ist es, die Nikolaustüten aus mittelfestem Geschenkpapier mit passendem Motivdruck anzufertigen. Zur Weihnachtszeit gibt es Schmuckpapiere in unendlicher Auswahl. Wir wählen ein kindgerechtes Muster, möglichst wenig kitschig, vielleicht mit einer netten Nikolausabbildung.

Kleine Überraschungstüten

Material:

Kreissegment aus Tonpapier (Maße siehe Zeichnung), Krepp: pro Tüte vier Stücke 15 x 15 cm

Für jedes Kind wird einzeln ein Tütenformat aus farbigem Tonpapier ausgeschnitten. Auch farbiges Krepppapier wird passend zugeschnitten und zurechtgelegt.

Die einzelnen Stücke des Krepppapiers kleben wir mit Bastelleim nebeneinander entlang des oberen Rands des Papierhalbkreises, ein wenig gefältelt und überlappend. Nun wird das Kreissegment auf zwei Seiten hälftig eingeschlagen und vorne mittig mit einem Klebeband verschlossen. Beim Zuschneiden wurde hierfür ein kleiner Papierüberstand vorgesehen. Die flache Tüte kann nun ganz leicht in eine runde Form gebogen werden. Die Tüte zu rollen, wäre für die Altersstufe nicht machbar. Die flache und geknickte Fertigungsweise dagegen ist leicht auszuführen.

Nun fehlt nur noch ein hübsches Geschenkband, um das Krepppapier in der Mitte zusammenzuhalten. Das überstehende Krepp bauscht sich in der Mitte zu einem hübschen Papierstrauß. Ob sich Nikolaus über die vielen Überraschungstüten in der Kita wundert?

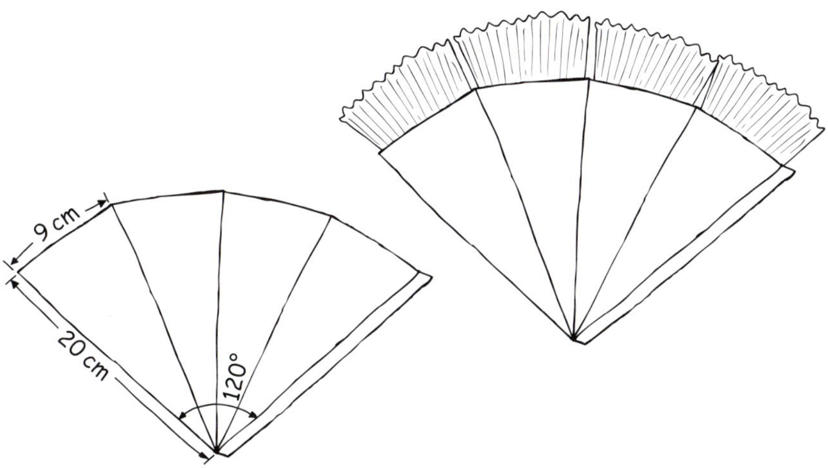

Filzstiefel mit Schafwolle geschnürt

Material:

Roter Filz (Meterware): Naturfaser oder synthetischer Bastelfilz, rote Knopflochseide, ggf. Nietenstanzzange, Band aus ungesponnener Schafwolle (Bastelbedarf), Wolle oder Watte zum Ausstopfen

Zunächst fertigen wir ein Schnittmuster aus dünnem Papier an. Die Größenangaben sollten nicht unterschritten werden. Wir legen den roten Filz doppelt, legen die Rückseite des Schnittmusters jeweils am Stoffbruch an und schneiden die Form mit ca. 1 cm Nahtzugabe aus. Filz, ob in natürlicher oder synthetischer Qualität, franst an den Schnittkanten nicht aus und muss nicht eingesäumt werden.

Die Stiefelchen werden nacheinander angefertigt – einzeln ausgeschnitten, genäht und geschmückt. Die Naht kann mit der Hand mit roter Knopflochseide ausgeführt werden. Das Garn wird mit einer passenden Nähnadel in engen Stichen von unten noch oben und umgekehrt durch den Stoff gezogen und an beiden Enden verknotet. Es eignet sich auch ein einfacher Schlingstich, der jeweils über die äußere Kante ausgeführt wird. Genäht wird von der Stiefelspitze hin zum Schaft. Die Naht darf sichtbar bleiben. Haben wir eine Nähmaschine zur Hand, kann man die Naht genauso gut damit ausführen. In diesem Fall kann der

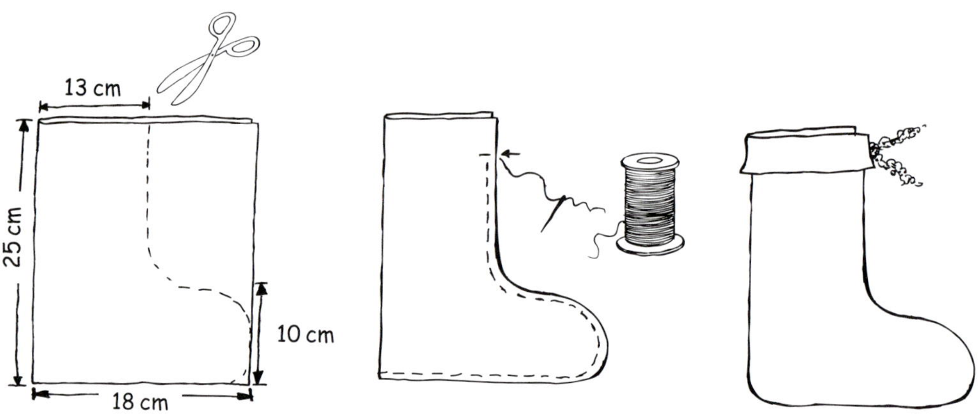

Stiefel auch gewendet und die Naht so unsichtbar gemacht werden. Am oberen Ende des Schafts lassen wir 2 bis 3 cm offen. Hier kann der kleine Nikolausstiefel umgeschlagen werden. Das gibt ihm eine schöne Form. Ein Band aus ungesponnener Schafwolle lugt unter diesem Umschlag hervor und wird vorne am oberen Ende der Naht locker verknotet. Damit sich die Füllung nicht im dem hübschen Stiefelchen verliert, kann es unten mit ein wenig Wolle oder Watte ausgestopft werden.

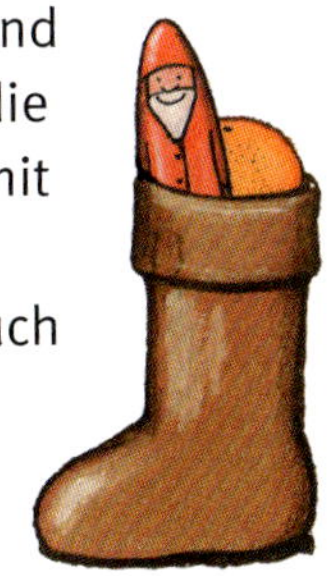

Da die Herstellung der Filzstiefelchen sowohl mit Aufwand als auch Kosten verbunden ist, können sie ein paar Tage nach dem Fest von den Eltern wieder mitgebracht werden, um im nächsten Jahr wieder verwendet zu werden.

Mitwirkung der Zwei- bis Dreijährigen

In der Filzstiefelwerkstatt ist die Mitwirkungsmöglichkeit der Kinder zwar eingeschränkt, aber die Zwei- und Dreijährigen können durchaus schon mit Hilfestellung die Nadel durch den Stoff stecken und auf der anderen Seite wieder herausziehen. In diesem Fall ist es zweckmäßig, die Nählöcher mit einer Nietenstanzzange vorzustanzen.

Gibt es auch wenig für die Kinder zu tun, gibt es um so mehr zu beobachten, denn auch beim Einsatz der Nähmaschine sind die Kinder als Zuschauer willkommen. (**Achtung:** Nähmaschine NIE ohne Aufsicht lassen und in den Nähpausen immer ausschalten bzw. ausstecken!) Wie von Zauberhand entsteht ein Stiefel nach dem anderen. Wie das rattert und flitzt! Sind alle Stiefelchen genäht, werden sie nacheinander jeweils einzeln sorgsam geformt und geschmückt. Die hübschen roten Stiefel mit ihrem wollenem Saum baumeln lustig von der Leine oder an einem schönen Tannenzweig.

Nikolausfigur

Praxis-Ideen

Gezeichnet und gemalt

Material:

Dunkles und farbiges Tonpapier, Transparentpapier, alternativ Graupappe oder Sperrholz, Temperafarbe

Reicht unsere künstlerische Begabung aus, so zeichnen wir eine Nikolausfigur mit klaren inneren und äußeren Konturen auf dunkles Tonpapier (ca. 30 cm hoch). Man kann aber auch in Bilderbüchern nach passenden Abbildungen suchen und sich daran orientieren.

Das Tonpapier wird nun entlang der äußeren und inneren Konturen in Scherenschnitt-Technik ausgeschnitten, sodass die formgebenden Linien knapp 1 cm stark bestehen bleiben. Auf die Rückseite wird den Formen folgend, passendes Tonpapier oder farbiges Transparentpapier aufgeklebt. Fertig ist unser Nikolaus.

Vielleicht schneiden wir uns aber auch aus dicker Graupappe oder sägen aus Sperrholz eine hübsche Nikolausform und malen sie mit Temperafarbe stilecht an. Gut aufbewahrt wird uns diese stabile Figur noch viele Jahre bei unserem Nikolausfest in der Kita begleiten.

Nikolaus aus Pappmaché

Material:

Große Plastikflasche (1 Liter), Sand, Pappmaschémasse (Rezept siehe unten), Tonpapier, helle Märchenwolle, ggf. Stoff, Filz und Wolle

Eine Plastikflasche in der gewünschten Größe dient als Grundform. Wir füllen sie zum Teil mit Sand, um die Standfestigkeit der Figur zu verbessern. Vielleicht helfen hier die Kinder fleißig mit und füllen Sand durch einen Trichter ein. Sand durch Trichter rieseln lasseln ... das macht Spaß!

Nun wird mit Pappmachémasse rund um die Flasche ein einfacher Körper geformt. Ausgebildet wird dabei der Kopf und in einer homogenen Form der Rumpf mit Schultern, ohne separat ausgeformte Arme. Nach dem Trocknen wird der Nikolaus „angekleidet". Entweder als rot und golden bemalte Bischofsfigur, wobei die Mitra aus Tonpapier und der Bart aus heller Märchenwolle aufgeklebt werden.

Plastischer und lebensechter wirkt der Nikolaus aus Pappmaché allerdings, wenn wir sein Gesicht zwar malen, all seine Kleidung und die traditionellen Requisiten aber aus Stoff, Filz und Wolle gestalten. So manche Unebenheit des Rohlings verschwindet dabei gnädig unter dem Bischofsgewand. Der kleine Nikolaus wirkt authentischer, fast wie eine kostbare Puppe.

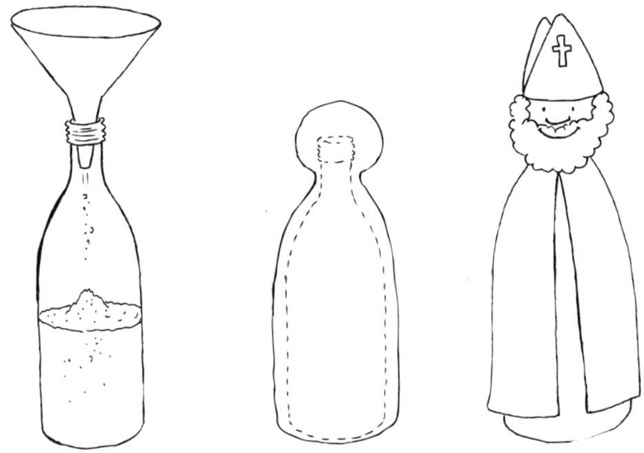

Pappmaché herstellen und verarbeiten

Einfaches Zeitungspapier (kein Hochglanzdruck!) in kleine Stücke reißen und mit warmem Wasser kurze Zeit einweichen. Überschüssige Flüssigkeit abgießen. Angesetzten Tapetenkleister nach und nach zugeben und mit der Hand durchkneten, bis die gewünschte Konsistenz erreicht ist. Über einen Rohling kann man die Masse dünn und in einem Arbeitsgang auftragen, am Schluss glattstreichen. Will man eine exakte Form erreichen, empfiehlt es sich, mehrere Schichten nacheinander aufzutragen, da das Material beim Trocknen schrumpft und sich die Form dadurch verändert.

Gut durchtrocknen lassen (1–3 Tage je nach Schichtstärke). Für eine Figur um eine Plastikflasche werden ca. 10 Doppelseiten einer Zeitung benötigt.

Nikolausgebäck – lustig und lecker

Geformte Backwaren sind bei Ein- bis Dreijährigen höchst beliebt. Kleine Kinder lieben Abbildungen – umso mehr, wenn diese „Bilder“ auch noch verführerisch riechen und schmecken.

Die kleinen Nikoläuse sind rasch hergestellt und können zwischendurch für das Nikolausfest vorbereitet werden. Finden wir Zeit und Muße, in der Kinderbackstube kleine Bäckergehilfen an der Arbeit zu beteiligen, ist es umso schöner.

Quark-Öl-Teig herstellen (ergibt 10 bis 12 kleine Nikoläuse) aus:

- 125 g Magerquark
- 6 EL Sonnenblumenöl
- 1 Ei
- ½ P. Backpulver
- 80 g Zucker
- 1 Prise Salz
- 200–250 g Mehl
- 1 Ei und Rosinen zum Verzieren

Quark, Öl, Zucker und ein Ei in einer Rührschüssel mit dem Schneebesen gut verrühren. Mehl und Backpulver fein gesiebt zugeben und mit einem Löffel ein-

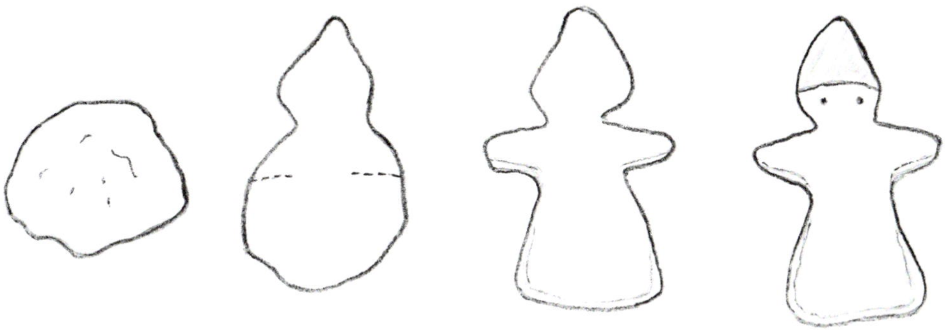

rühren. Zum Schluss die Teigmasse leicht mit der Hand verkneten. Wenn nötig, noch Mehl zugeben, so dass ein mittelfester Teig entsteht.

Jeweils eine Teigkugel von 5 cm Durchmesser (entspricht ca. 50 g) von der Masse abnehmen, evtl. kurz in etwas Mehl wälzen und formen: leicht flachdrücken, den Kopf mit Bischofsmütze herausbilden, in den restlichen Teig mit dem Backrädchen zweimal seitlich einschneiden und Körper mit Armen formen. Nicht zu dicht auf ein gefettetes Backblech legen, mit Eigelb bestreichen und Rosinen für die Augen und evtl. Knöpfe am Bauch eindrücken.

Im vorgeheizten Backofen bei mittlerer Hitze 10–15 Minuten goldbraun backen.

Nach dem Abkühlen die Bischofsmütze mit rotem Zuckerguss bestreichen.

Zuckerguss (kalt gerührt) herstellen:

Puderzucker wird gesiebt und mit Flüssigkeit (Wasser oder Zitronensaft) verrührt, bis eine glatte, glänzende Glasur entsteht. Rote Lebensmittelfarbe nach Bedarf hinzugeben und gut einrühren. Sofort verwenden! Vorsicht mit der Flüssigkeitsmenge: Für 50–60 g Puderzucker benötigt man knapp einen Esslöffel Wasser.

Lebensmittelfarbe ist in Tuben oder Pulverform in der Backwarenabteilung gut sortierter Lebensmittelhändler erhältlich.

Singen, zuhören und mitmachen im Kreis

Erzählen vom heiligen Nikolaus

Einfache, für Ein- bis Dreijährige leicht fassbare Gedichte und Reime bringen das Geschehen rund um den Nikolausbesuch nahe. Begleiten wir den Vortrag mit stimmigen Gesten, so unterstützen wir das kleinkindliche Verständnis und die Kinder lernen ganz schnell, den Reim mitzusprechen.

Praxis-Ideen

Kleines Nikolausgedicht

Lieber, guter Nikolaus,
komm doch auch in unser Haus.

Wir möchten dich schön bitten:
komm mit deinem Schlitten.

Vergiss nicht deine guten Gaben,
ein Esel hilft dir gerne tragen.

Stell den Sack vor unsere Tür,
wir danken dir dafür!
(*Hier lassen wir ein Glöckchen erklingen.*)

Monika Lehner

Die Nikolauslegende – ganz einfach erzählt

Wir bringen unsere Kinder in einfacher Form mit der Legende vom heiligen Nikolaus in Berührung. Es handelt sich – wie auch bei der Weihnachtsgeschichte – im Kern um eine ganz elementare Geschichte, die mit der Lebenswirklichkeit der kleinen Kinder tatsächlich etwas zu tun hat: lieb haben, besuchen, schenken, danken.

Vor langer, langer Zeit hat der heilige Nikolaus gelebt. Er hat sich große Taschen auf seinen roten Mantel genäht. Darin hat er Nüsse, Äpfel und Mandarinen gefüllt. Viele Menschen hatten Hunger und konnten sich nichts zu essen kaufen. Da kam der Nikolaus und hat ihnen aus seinen Manteltaschen etwas zum Essen geschenkt. Am allerliebsten hatte er die Kinder und schenkte ihnen Nüsse und Äpfel, manchmal sogar kleine Stückchen Schokolade. Was haben sich die Kinder da gefreut! „Vielen Dank, lieber Nikolaus! Du bist ein guter Mann", haben alle Kinder zu ihm gesagt. Das war für den Nikolaus ein großes Glück.

Bald waren die Manteltaschen zu klein für die vielen guten Gaben. Da nahm Nikolaus einen großen Sack und füllte alle Äpfel und Mandarinen und Nüsse – auch die kleinen Schokoladenstückchen – hinein. Der Sack war nun sehr schwer. Da half ihm ein Eselchen tragen. So ist er zu den Kindern gegangen, um jedem Kind eine Kleinigkeit zu schenken. ... Vielleicht kommt er auch zu uns!? Ob er den Kindern etwas mitbringt?

Der religiöse Aspekt der Legende klingt mit an, wenn wir die höhere Dimension unserer kleinen Geschichte auch nicht ausdrücklich benennen. Dies wäre zu abstrakt für die Altersstufe und damit dem Entwicklungsstand unserer Kinder nicht angemessen. Wir vermitteln die Bedeutung eher durch die stimmungsvolle Erzählatmosphäre und durch unsere eigene Einfühlung in den Aussagegehalt

der Erzählung. Vertrauen wir auf den Inhalt und lassen den Kindern ihren eigenen altersgerechten Zugang. Sie nehmen auf, was immer sie aufnehmen können und möchten.

Nikolaus, kommt ins Haus – rhythmisch gesprochen und geklatscht

Der Niko-*laus-laus-laus*	*Jeweils bei der Silben-Wiederholung: dreimal in die Hände klatschen*
kommt ins *Haus-Haus-Haus.*	*dreimal auf die Oberschenkel patschen*
Der Niko-*laus-laus-laus*	*dreimal in die Hände klatschen*
kommt ins *Haus.*	*einmal auf die Oberschenkel patschen*

Er wohnt im *Wald-Wald-Wald*
und kommt schon *bald-bald-bald.*
Er wohnt im *Wald-Wald-Wald*
und kommt schon *bald.*

Trägt seinen *Sack-Sack-Sack*
hucke-*pack-pack-pack.*
Trägt seinen *Sack-Sack-Sack*
hucke-*pack.*

Er stellt ihn *hin-hin-hin*,
was ist wohl *drin-drin-drin*?
Er stellt ihn *hin-hin-hin*,
was ist wohl *drin*?

Schoko und *Man-del-kern,*
das hab ich *gern-gern-gern*!
Schoko und *Man-del-kern*,
das hab ich *gern*!

Der Niko-*laus-laus-laus*
geht wieder *raus-raus-raus*.
Der Niko-*laus-laus-laus*
geht wieder *raus*.

Auf Wieder-*sehn-sehn-sehn*
und danke-*schön-schön-schön*!
Auf Wieder-*sehn-sehn-sehn*
und danke-*schön*!

Monika Lehner

Alle Kinder winken fröhlich und rufen laut „Auf Wiedersehen, lieber Nikolaus!"

Klatschreime kommen immer gut an! Auf spielerische Weise werden Koordinationsfähigkeit und Sprachrhythmusgefühl der Kinder gefördert. Die Betonung liegt auf den Silbenwiederholungen jeweils am Ende der Zeile. Eine pointierte Sprachmelodie ergibt sich ganz von selbst aus der rhythmischen Begleitung.

Nikolauslieder

Die Idee vom Nikolaus lässt sich sehr gut mit Musik vermitteln. Es gibt zahlreiche Reime und Lieder zum Nikolaus, die ganz oder teilweise in der Krippe verwendet werden können. Häufig haben sie aber sehr viele Strophen oder beinhalten

Angst erzeugende Elemente. Wir wählen aus und nehmen davon lediglich das in unseren Liedschatz auf, was altersgerecht passend und pädagogisch vertretbar ist.

Aus diesem Grund verbietet es sich auch, Nikolauslieder ungeprüft von einer CD in der Kindergruppe abzuspielen. Wir wollen die Kinder nicht einer Dauerberieselung mit Weihnachts- und Nikolausliedern aussetzen. Kleine Kinder brauchen nicht ein Lied nach dem anderen, sondern immer wieder ein Lied, mit den immer gleichen Gesten lebendig begleitet. Sie brauchen „ihr“ Lied.

Selbst singen und musizieren – die unmittelbarste Erfahrung und Vermittlung von Musik. Kinder lernen dabei sehr viel mehr als nur ein Lied. Sie erleben Freude und Faszination durch die Klangwelt und die elementare Fähigkeit des Menschen, Musik zu entstehen zu lassen.

Praxis-Ideen

Lasst uns froh und munter sein

Musik und Text: überliefert

2. Dann stell ich den Teller auf,
   Niklaus legt gewiss was drauf. Lustig, lustig ...

3. Wenn ich schlaf', dann träume ich,
   jetzt bringt Niklaus was für mich. Lustig, lustig ...

4. Wenn ich aufgestanden bin,
   lauf ich schnell zum Teller hin. Lustig, lustig ...

5. Niklaus ist ein guter Mann,
   dem man nicht genug danken kann. Lustig, lustig ...

„Lasst uns froh und munter sein“, dieses traditionelle und beliebte Nikolauslied kommt schon den Kleinsten durch seinen einfachen und fröhlichen Rhythmus sehr entgegen. Spätestens beim Refrain „... lustig, lustig, trallerallera“ werden alle begeistert mitklatschen und mitsingen. In diesem überlieferten Lied wird das ganze Geschehen rund um den Nikolaus auf kindgerechte Weise thematisiert – das Warten auf den Nikolaus, das Wünschen und Hoffen, schließlich die Erfüllung der Erwartungen und der Dank dafür.

Heiliger Nikolaus

Musik und Text: überliefert

2. Host in dein Sackerl drinn, Äpfe und Kern,
vui Nussn und Feign, mei de mog i gern.
vui Nussn und Feign, mei de mog i gern!

3. Sag zu dein Kramperl glei, bin no so kloa,
er derf mi fei ja net in Sack eini doa,
er derf mi fei ja net in Sack eini doa!

Jeder Landstrich bringt eigene Volkslieder im jeweiligen Dialekt hervor. Dieses bayrische Nikolauslied wird schon seit Generationen gesungen. Lassen wir es nicht aussterben. Die dritte Strophe steht hier allerdings nur der Vollständigkeit halber. Die Zeilen verdeutlichen anschaulich, wie präsent die Drohung des Krampus ist, wenn auch recht freundlich formuliert. Für unsere kleinen Kinder begnügen wir uns mit den *ersten beiden* Strophen und wiederholen stattdessen am Schluss die erste Strophe noch einmal (1-2-1).

Nikolo bum bum

Musik und Text: überliefert

Das Lied kommt eigentlich aus dem bayerischen Raum und kann dort, wo der Dialekt beheimatet ist, natürlich im Original gesungen werden:

Nikolo bum bum,
da Nikolo geht um.
Draußn is so huscherl koid,
da Nikolo, der kimmt scho boid.
Nikolo bum bum,
da Nikolo geht um.

Nikolaus geht um den Kreis

Musik und Text: Monika Lehner

Mit Tamburin oder rhythmischem Klatschen begleiten wir dieses kleine Lied. Der Reiz liegt hier in der Dynamik von laut und leise. Die ersten drei Sätze singen wir in leicht monotonem Tonfall, die zweite Zeile besonders leise, mit dem Zeigefinger vor dem Mund, den letzten Satz dagegen laut und mit jauchzender Betonung.

Beide Vierzeiler, „Nikolo bum bum" und „Nikolaus geht um den Kreis", eignen sich als ruhiges Kreisspiel zur Nachbereitung des Nikolausbesuchs (··· *Der Nikolausbesuch wirkt nach*, Seite 96).

Vom Singen mit Ein- bis Dreijährigen

Singen und musikalisches Erleben ist in der Arbeit mit Ein- bis Dreijährigen von großer Bedeutung. Die Singfreude und die Vermittlung der Faszination an Musik allgemein steht bei dieser Basisarbeit im Vordergrund. Musik wird auf der emotionalen Ebene vermittelt. Wir bringen unseren Kindern keine musikalischen Kenntnisse, sondern die Liebe zur Musik nahe. Ganz einfach – durch Singen.

Wir singen viel und oft. Lieder werden nicht eingeübt, sondern einfach gesungen ... und üben sich dadurch ein.

Melodien symbolisieren das Erlebte

Gerade in Verbindung mit den verschiedenen Festen im Jahreslauf begegnen die Kinder immer wieder neuen Liedern, die schnell zum abrufbaren Synonym für das erlebte oder erinnerte Festgeschehen werden. Die Erfahrung in der praktischen Arbeit mit Kindern zeigt ganz deutlich, dass es immer die Reime und Melodien sind, die von den einzelnen Themen im Gedächtnis haften bleiben. Ist doch Singen eine ganz unmittelbare, spontane Ausdrucksweise des Menschen. Lange bevor Kinder es vermögen, einen Inhalt zu erzählen oder bildnerisch darzustellen, reihen sie spontan Tonfolgen aneinander. Der Text der Lieder muss dabei noch gar nicht artikuliert werden. Die Melodie ist schon da! Ein „la la la" und eine kleine Melodiesequenz bedeuten für das Kind das ganze Lied – und dieses Lied steht für ein Erleben rund um Nikolaus, Weihnachten oder den Geburtstag.

Liedauswahl und Vermittlung

Wir wählen Lieder aus mit eingängiger Melodik und einfachen Texten. Die Inhalte sollen möglichst etwas mit der Erfahrungswelt der Ein- bis Dreijährigen zu tun haben. Werden einzelne Elemente nicht verstanden, ist dies kein Schaden. Wichtiger als ein passender Text ist eine Melodieführung, die den Kindern entspricht. Die Klänge sollen gefällig sein und leicht nachzusingen – meist in C-Dur und ohne verwegene Klangsprünge. Die meisten tradierten Kinderlieder beherzigen dies und passen deshalb sehr gut für Krippenkinder. Erstaunlicherweise verlieren sei ihren Reiz lange nicht.

Singen erzeugt positive Gefühle

Im Morgenkreis, beim Basteln und auf unseren Spaziergängen werden unsere Melodien immer wieder angestimmt. Durch oftmaliges Singen und Begleitung mit passenden Gesten verinnerlichen die Kinder rasch Texte und Melodien. Singen die Kinder nicht oder noch nicht mit, dürfen wir nicht glauben, dass sie nicht aufmerksam bei der Sache wären. Musik wird zunächst passiv aufgenommen, dringt über die Ohren und über die Emotionen in uns ein. Singen erzeugt positive Gefühle, die wiederum die Lust an der Musik und Aufnahmebereitschaft dafür fördern. Singen wir also fröhlich und mit eigener Freude und Überzeugung. Irgendwann stimmen die Kinder mit ein – anfangs meist noch lautmalerisch den Text aufgreifend. Mit Staunen nimmt man aber auch oft wahr, wie etwa aus der Kuschelecke einzelne Textzeilen dringen oder schon mal ganze Lieder erklingen. Wird eine Melodie von den Kindern sozusagen in *ihr eigenes* Repertoire aufgenommen, ist dies der beste Beweis für die richtige Auswahl der Lieder.

Liederzettel für die Eltern

Ein Liederzettel für die Eltern ist immer eine schöne Bereicherung der Elternarbeit. Wir vermitteln einen Einblick in das Kita-Geschehen und die Lieder aus der Einrichtung können auch zu Hause gesungen werden. Die Kinder erleben einen Zusammenklang von Familie und Kita – eine kleine akustische Brücke.

Originalität und Abwechslung bei der Wahl der eingeübten Lieder stehen nicht im Vordergrund. Nicht ein immer neues Lied ist kleinen Kindern gemäß, sondern ein passendes Lied, das immer wieder gesungen und so immer tiefer in den Kindern verankert wird.

Viele Strophen – weniger ist mehr!

Wir wählen in Text und Anzahl so viele Strophen eines Liedes aus, wie die Kinder wirklich aufnehmen können. Da wir alle Lieder in der Festvorbereitung mit den Kindern immer wieder und immer wieder gerne singen, üben wir die Texte, Melodien und Gesten gemeinsam ein. Wir können so gut erkennen, was „funktioniert" und was eben nicht so gut und sicher von den Kindern aufgenommen wird. Wählen wir bewusst ein mehrstrophiges Lied, so sollten wir nicht erwarten, dass die Kinder alle Strophen mitsingen. Vielleicht hören sie bei einigen Textzeilen nur zu, während sie bei anderen wieder spontan mit einfallen. Dies ist völlig in Ordnung. Es steht uns aber jederzeit frei, die Lieder so zu beschränken, dass sie für die Altersstufe bzw. für genau „unsere" Kinder passen.

Kinder lieben Wiederholungen

Scheint uns lediglich die erste Strophe eines Liedes passend und auch ausreichend, so singen wir diese gleich mehrmals nacheinander. Kinder, und ganz besonders kleine Kinder, lieben Wiederholungen. Die gleiche Strophe kann laut und leise, langsam und schnell interpretiert werden und prägt sich mit jeder Wiederholung tiefer in das kindliche Verständnis und Gedächtnis ein.

Eine für die Kita-Praxis sehr brauchbare Liedvariante stellt die 1-2-1 Form dar. Mit der ersten Strophe (1) wird begonnen, dann schließt sich die zweite Strophe (2) an und die Wiederholung der ersten Strophe (1) rundet das Lied ab. Wir nehmen den Kindern mit reduzierten Liedfassungen nichts weg. Im Gegenteil, wir legen eine gute Basis für das jeweilige Lied und bereichern so die Kinder und letztlich auch die Sing- und Festsituation.

Für kleine Kinder ist es mit mehr Lust und Freude am Singen verbunden, eine gut verinnerlichte Liedstrophe dreimal hintereinander zu singen, als ein dreistrophiges Lied, bei dem sie vielleicht nur die erste Strophe beherrschen. Frisch und fröhlich singen kann man nur dann, wenn das Lied mit Worten und Melodie fest in Kopf und Bauch verankert ist.

Selber singen!

Selbst gesungene und musizierte Lieder sind für die Kinder ein ungleich größerer Gewinn als vom CD-Player abgespielte Nikolauslieder. Tonträger haben ja die Eigenart, ein Lied an das nächste zu reihen. Von Dauerberieselung ist ohnehin abzuraten, eine Überforderung der Kinder ist bei Tonträgern fast vorprogrammiert. Wenn schon Musik aus der Konserve, dann keine Liedfolge, sondern *ein* sorgfältig gewähltes Lied, wiederholt abgespielt – wohldosiert und stets in der begleiteten Situation. Der Einsatz von Musikmedien hat durchaus seine Bedeutung und Berechtigung. Nicht zuletzt wird ein Grundstein für die immer wichtiger werdende Medienkompetenz gelegt. Den Vorzug geben wir in der Altersstufe eins bis drei jedoch in jedem Fall dem fröhlich schallenden Kindergesang.

Musik, mit Instrumenten selbst gemacht

Wir spielen unseren Kindern die Melodien auch auf einem Instrument vor, sowohl mit als auch ohne Gesang. Mit Flöte oder Glockenspiel spielen wir die Tonfolge als Vor- oder Zwischenspiel zusätzlich zum Gesang oder begleiten uns und die Kinderstimmen. Auf Virtuosität bei der Beherrschung des Instruments kommt es dabei nicht an. Lieber spielt man als Erzieherin einmal einen wackeligen oder falschen Ton, als dass man aus Angst vor einem Fehlgriff gar nicht musiziert. Gerade kleine Kinder sind überdies ein sehr gnädiges Publikum.

Kinder sind fasziniert von „handgemachter“ Musik. Sie fassen die Lieder sehr schnell auf und lernen auf diese Weise auch einmal die reine Melodie erkennen. Ein kleines musikalisches „Ratespiel“ lässt sich vor so manches Lied setzen.

Praxis-Ideen

Musikalisches Ratespiel mit „handgemachter" Musik

Wir spielen eine Tonfolge auf der Flöte vor und lassen die Kinder raten, um welches Lied es sich handeln könnte. Vielleicht erkennen sie das Lied sofort und fallen spontan mit ein. Auf spielerische Weise fördern wir so die Aufmerksamkeit und schulen das musikalische Gehör und Gedächtnis der Kinder.

Kleiner musikalischer Dialog

Zum Einstieg singen wir zusammen „Lasst uns froh und munter sein" mit den Kindern im Kreis. Im Anschluss spielen wir den ersten Teil von unserem Nikolauslied mit der Flöte oder dem Glockenspiel vor und animieren die Kinder dazu, das „Lustig, lustig, trallerallera ..." zu singen und vor allem im Rhythmus dazu zu klatschen. Anstatt ein Instrument zu verwenden, können wir die Melodie auch summen. Es ergibt sich ein kleiner musikalischer Dialog aus Melodie und Textgesang. Die Verszeilen der einzelnen Strophen entstehen gleichsam in der Vorstellung der Kinder.

Dieses Wechselspiel macht Ein- bis Dreijährigen viel Freude. Auch auf andere Lieder mit Refrain lässt sich dieses Vorgehen übertragen. Wichtig dabei ist der spielerische Umgang und nicht etwa der exakte Einsatz von rhythmischen Akzenten. Kleine Kinder klatschen aus reiner musikalischer Lust und Bewegungsfreude!

Kinder brauchen musikalische Vorbilder

Kommen Kinder früh in Berührung mit selbst musizierter Musik, erleben sie das Spielen eines Instruments als etwas Selbstverständliches, dennoch höchst Faszinierendes. So mancher kindliche Wunsch, *auch* Gitarre, Flöte oder Akkordeon zu spielen, rührt von einem positiv erlebten Vorbild her. Dass die Beherrschung eines Instruments auch viel Disziplin und Übung erfordert, braucht die kleinen Kinder noch nicht zu interessieren. Sie sollen sich erst einmal in die Musik hineinträumen dürfen.

Bildergeschichten rund um Sankt Nikolaus

Nikolaus im Bilderbuch

Ein formal wie inhaltlich für Ein- bis Dreijährige geeignetes Bilderbuch zu finden, ist ein echter Glücksfall. Soll Nikolaus in bischöflichem Gewand dargestellt sein, so sind es meist eher religiöse Bücher für ältere Kinder. Dem kleinen Büchlein „Nikolaus und die drei Geschenke" (Text: Sebastian Tonner; Illustrationen: Johanna Ignjatovic, Kaufmann-Verlag, Lahr 2010) gelingt hier beispielsweise eine Verbindung zwischen der Botschaft des Bischof Nikolaus und einer kleinkindlichen Betrachtungsweise.

Bücher nach den Bedürfnissen der Kleinen auswählen und anpassen

Oft findet sich ein Bilderbuch, das zwar sehr gut gefällt, aber nur in Teilen für die Kinderkrippe passend erscheint. Wir sind pragmatisch und verwenden es nur insoweit es wirklich für unsere Kinder passt. Wir wollen sie weder überfordern noch unnötig auf das Kindergartenalter vorgreifen, sondern in ihrem altersgemäßen Verständnis- und Erlebensraum bleiben. Entsprechende Anpassungen nehmen wir spontan und aus dem sicheren Gespür für das kindliche Gegenüber vor. Die Auswahl der Bücher treffen wir auf Basis der Erfahrung mit „unseren" Kindern und unseres Fachwissens, vor allem aber mit der warmherzigen Absicht, sich tatsächlich in die Wahrnehmung der Kinder und in ihre Bedürfnisse einzufühlen. (···> Detaillierte Ausführungen zur Praxis der Bilderbuchbetrachtung mit Krippenkindern in: Monika Lehner: St. Martin feiern mit Ein- bis Dreijährigen, Don Bosco, München 2011)

Praxis-Ideen

Wie Sankt Nikolaus einen Gehilfen fand

Das liebevoll illustrierte Bilderbuch „Wie Sankt Nikolaus einen Gehilfen fand“ (Text: Marcus Pfister; Illustrationen: Kathrin Siegenthaler, NordSüd Verlag, Gossau/Zürich, 13. Aufl. 2004) beschreibt auf sehr respektvolle Art den Mann an Nikolaus’ Seite, wenn auch für Krippenkinder noch ein wenig zu komplex. Betrachten wir aber gemeinsam mit den Kindern die ruhigen Bilder und *erzählen* mit einfachen Worten die Geschichte vom Nikolaus und dem bescheidenen Holzfäller, ist das Bilderbuch auch für kleine Kinder wertvoll und empfehlenswert.

Nachdem das Titelbild im Kreis betrachtet wurde und alle Kinder ihren Platz im Kreis gefunden haben und aufmerksam geworden sind, blättern wir auf. Schon die Gestaltung der inneren Titelseite spricht die Kinder an und stimmt sie auf die Geschichte ein.

Eine kleine, aber wesentliche Umstellung in der Dramaturgie der Handlung erleichtert den kleinen Kindern das Verständnis: Nachdem Nikolaus beim Holzfäller seinen warmen Tee getrunken hat, macht er sich auf den Weg. Die unmittelbar auf diese Szene folgende Seite, auf der Ruprecht die verlorenen Sachen findet, überspringen wir zunächst. Erst nachdem Nikolaus in die Stadt gekommen ist und den Schaden bemerkt hat, wird diese Seite präsentiert. Das Bild, auf dem Ruprecht durch den Schnee stapft, schließt sich an. Das Problem des Nikolaus bleibt so eine kleine Handlungseinheit, ebenso wie die Lösung durch den Holzfäller. Die Geschichte wird klarer und damit auch kleinen Kindern verständlich.

Wir bringen den Kindern die Geschichte warmherzig und undramatisch nahe. Mit dem wunderbaren Bilderbuch können wir vielleicht einen kleinen Vertrauensvorschuss in die Herzen der Kinder legen für ihre künftige, vermutlich unausweichliche Begegnung mit dem Begleiter des Nikolaus.

Eine pädagogisch wertvolle Bilderbuchpräsentation setzt eine gute Kenntnis des jeweiligen Buches voraus. Einmerker erleichtern das Überblättern und das sinnige Vor- und Zurückspringen.

Lieber Nikolaus, wann kommst du?

„Lieber Nikolaus wann kommst du?“ (von Marcus Pfister, NordSüd Verlag, Zürich/Hamburg, 1996) ist ein Bilderbuch, das mit Ausnahme der Schlusspointe sehr gut für die Altersstufe passt. Inzwischen vergriffen, ist es über das moderne Antiquariat (z. B. www.zvab.de) leicht erhältlich.

Nikolaus ist hier ein gemütlicher, ein wenig verschlafener Geselle, der mit einer Katze in einem kleinen Häuschen wohnt und von dort mit Sack, Schlitten und Rentieren zu den Kindern aufbrechen will. Doch er hat verschlafen, findet seine Stiefel nicht und auch sonst begegnet ihm allerlei morgendliches Missgeschick. Bis er schließlich auf seinem Schlitten sitzt und in einer wunderschönen Darstellung verheißungsvoll durch den Schnee fährt. Hier kommt der Knackpunkt der Geschichte: Nikolaus wacht auf und alles war nur ein Traum! Auf diese Pointe verzichten wir bei unseren kleinen Zuhörern und lassen Nikolaus nach dem *frei* von uns *erzählten* Besuch bei den Kindern wieder in sein Häuschen und sein kuscheliges Bett zurückkehren. Seine Katze wartet dort schon auf ihn!

Kamishibai – Das Erzähltheater „Nikolaus feiern mit Emma und Paul“

Mit dem Kamishibai, ein ursprünglich aus Japan stammendes Tisch- oder Erzähltheater, können wir den Kleinkindern großformatige Bildfolgen präsentieren und dazu die Geschichte frei erzählen. Wird die immer ein wenig geheimnisvolle Holzkiste des Kamishibai (Bezug: www.donbosco-medien.de) hervorgeholt, sind die Kinder mit großer Freude dabei. Welche Geschichte, welche Bilder verbergen sich wohl hinter den noch geschlossenen Türen? Mit einem kleinen Reim holen wir alle Kinder in die Situation und fassen das kleine Erzählritual rund um das Kamishibai.

Praxis-Ideen

Unser Kamishibai öffnet sich

Liebe Kinder, kommt herbei,
wir öffnen das Kamishibai.

Die Türen sind zu.
Bald gehen sie auf,
alle warten schon darauf.

Da sind ja die Kinder! Juhei!
Wir öffnen das Kamishibai.

Nach der Präsentation der Bildkarten

Die Türen schließen.
Es ist vorbei.
Auf Wiedersehen, Kamishibai!

Monika Lehner

Nikolaus feiern mit Emma und Paul

Im Bildkartenset „Nikolaus feiern mit Emma und Paul“ (Don Bosco, München 2011) – erleben die beiden Kinder Emma und Paul die jahreszeitlichen Veränderungen des beginnenden Winters und das aufregende Geschehen rund um Sankt Nikolaus. Die Kinder freuen sich auf den Nikolaus, sie basteln fleißig miteinander Säckchen und bereiten bunte Socken vor, um Sankt Nikolaus ein wenig behilflich zu sein. Dann hört man plötzlich ein Klopfen und Bimmeln. Wer kommt da wohl zu Besuch? Die Erlebnisse der Kinder, ihre Erwartung und Hoffnungen sind ebenso Gegenstand der Bildkarten wie Sachwissen und -begriffe zur Jahreszeit und zum Nikolausfest.

Zum Umgang mit dem Erzähltheater – Didaktische Hinweise für die Krippe

Holen wir das Kamishibai hervor, lassen sich die Kinder nicht lange bitten, sammeln sich im Bodenkreis und warten gespannt, dass sich die Türen öffnen. Eine Erzieherin sitzt auf einem Hocker leicht erhöht im Kreis, hält das Kamishibai auf dem Schoß und präsentiert es langsam und mit ein wenig Spannung dem erwartungsfrohen Publikum. Eine Kollegin sitzt mit im Kreis bei den Kindern. Sie kann die Einjährigen zu sich nehmen und in der Gruppe hier und da ein wenig strukturierend wirken. Der Text wird von der Erzieherin parallel zum Bildkartenwechsel frei vorgetragen. Dabei kann erzählerisch improvisiert und ausgeschmückt werden. Ist man im Team gut eingespielt, kann eine Kollegin die Bildkarten präsentieren, während die andere vorliest oder erzählt. Vielleicht schließen und öffnen sich die Türen des Erzähltheaters auch während der „Vorstellung“ – notwendige Unterbrechungen oder dynamische Elemente der Erzählung können so wunderbar eingebaut werden.

Nachdem alle Bildkarten betrachtet sind, erscheint abermals der rote Vorhang. Während sich die Türen des Erzähltheaters langsam schließen, verabschieden die Kinder fröhlich winkend das kleine Theater. Die letzten Zeilen unseres Reims beenden den „Theaterbesuch".

Einsatz des Erzähltheaters

Öffnen wir das Kamishibai in der Adventszeit, aber auch zur Nachbereitung des Weihnachtsfestes, und öffnen wir es immer wieder! Die Kinder finden ihr eigenes Erleben gespiegelt und vertiefen so ihre Eindrücke und Erinnerungen. Die Geschichte im Erzähltheater bleibt ganz nah an der Erfahrungswelt der Ein- bis Dreijährigen, lässt sich jedoch auch für andere Altersstufen gut nutzen. Die Bildkarten werden je nach Bedarf gezeigt oder übersprungen, auch eine Erweiterung der „Vorführung" nach und nach bietet sich an und ist in der Praxis leicht durchführbar – eine der Stärken des Erzähltheaters.

Vorbereitung des Nikolausfestes

Gut geplant ist halb gefeiert

Gute Vorarbeit ist, wie bei jedem gelungenen Fest auch für die Nikolausfeier unerlässlich. Es muss geplant, organisiert, informiert, eingekauft, gebastelt und dekoriert werden. Das alles ist in relativ kurzer Zeit zu erledigen und ohne spürbare Hektik in der Gruppe.

Hilfreich ist es, im Team eine sinnvolle, verbindliche Arbeitsteilung zu vereinbaren. Nicht alle müssen sich um alles kümmern! Konzentriert man sich auf einige wenige Aspekte der Festgestaltung, wird sich auch der Stress in Grenzen halten, kann man sich doch verlassen, dass die Kolleginnen ihren Teil erledigen. Jede bringt hierbei ein wenig ihre eigenen Vorstellungen mit ein. Dies zuzulassen und als bereichernd anzuerkennen, fördert und trainiert unseren Teamgeist. Mit vereinten Kräften und in partnerschaftlicher Zusammenarbeit verbringen wir mit unseren Kindern eine stimmige Vorbereitungsphase und ein schönes Nikolausfest. Im Vorfeld müssen eine Vielzahl von Fragen überlegt und geklärt werden:

Zeitplanung und Belegung

- An welchem Tag wird das Nikolausfest in den Familien gefeiert?
- Greift das Nikolausfest in der Kita der Familienfeier vor oder ist es sinnvoller, den Nikolausbesuch in der Einrichtung danach anzusetzen?
- Der 6. Dezember fällt auf ein Wochenende: Findet die Feier in der Einrichtung davor oder danach statt?
- Eventuell werden in dieser Woche Belegungstage getauscht, so dass alle Kinder am Nikolaustag in der Einrichtung sind.
- Kinder, die am betreffenden Tag nicht angemeldet sind, könnten als Besuch während des Nikolausfestes in die Einrichtung kommen.

Planung des Festablaufs

- Material für Säckchen oder Filzstiefel besorgen.
- Basteleien planen und ausprobieren.

- Einkauf für die Füllung der Säckchen. Die Nikolausfiguren aus Schokolade früh genug besorgen, da für alle Kinder das Gleiche benötigt wird.
- Äpfel und Mandarinen werden frisch in Bioqualität gekauft.
- Schlitten (evtl. mit Goldlack besprühen, ohne Kinder!), Fell und Sack ausborgen oder vorbereiten.
- Krummstab vorbereiten (gebogener Aufsatz in Goldoptik bestellen, einfach zum Aufstecken) oder Basteln: um einen Besenstiel einen starken Draht biegen und beide Enden zu einem Bogen biegen, mit einem Stück Gartenschlauch oder Kabelleerrohr überziehen und mit Goldpapier umwickeln oder mit Goldlack besprühen (ohne Kinder!). Die Mühe lohnt sich, da der Stab viele Jahre seinen Dienst tun wird.
- Glocke für den Nikolaus nicht vergessen.
- Jemanden bitten, der ungesehen anklopft und klingelt.
- Fotokamera bereitstellen und Funktionsfähigkeit vorher überprüfen.
- Aufgabenverteilung im Team besprechen.

Personalplanung und Teamarbeit

- Für den Tag des Nikolausbesuchs sollten in jedem Fall drei Betreuungspersonen eingeteilt werden. Mit ausreichend Personal können der Festablauf stimmig gestaltet, die Gruppe beieinander gehalten und verunsicherte oder verängstigte Kinder bei Bedarf gut aufgefangen werden, ohne die ganze Gruppe zu verstören.
- Im Vorfeld des Nikolausfestes wird klar abgesprochen, wer im Team welchen Aufgabenschwerpunkt *während des Festes* übernimmt.
- Wer übernimmt das Fotografieren sowie zeitnah die Fotobestellung?
- Absprachen dürfen nicht starr verstanden werden. Situationsbedingte Abweichungen sollten spontan möglich sein.
- Eine kleine Nachbesprechung sollte als konstruktive „Manöverkritik“ jedem Fest folgen. Was ist gut gelaufen – was weniger gut? Wie funktionierte die Zusammenarbeit? Gibt es Verbesserungsvorschläge für das nächste Jahr?
- Ein kurzes Protokoll fixiert die Erfahrungen und Anregungen des Teams.

... wenn der Nikolaus leibhaftig kommt

Eine vorausgehende Reflexion des Nikolausfestes im Team und mit den Eltern ist erforderlich, wenn der Nikolaus in die Gruppe kommt.

- Geeigneten Darsteller suchen.
- Nikolausgewand, -bart, Mitra und Krummstab ausborgen oder vorbereiten.
- Eingehendes Vorgespräch zu organisatorischen und pädagogischen Fragen mit dem Nikolausdarsteller führen.
- Knecht Ruprecht bzw. Krampus sollen *nicht* erscheinen – deutlich ansprechen! (→ Hinweise zur Problematik der Knecht Ruprecht-Gestalt, Seite 27f; *Plädoyer für eine indirekte Inszenierung*, Seite 76f)

Beteiligung der Kinder an den Festvorbereitungen

Der Nikolaustag ist ein Tag voller Vorfreude, Spannung und Überraschung. Der Zauber des Nikolausfestes wird durch die tätige oder beobachtende Mithilfe der Kinder im Vorfeld nicht beeinträchtigt. Das geheimnisvolle Element des heiligen Nikolaus wird bei der gemeinsamen Herstellung der Stiefelchen oder Säckchen eher gestärkt als entzaubert. Ein Zusammenwirken der Kinder auf der weltlichen Ebene und des Sankt Nikolaus als „Himmelsmacht“ jenseits davon wird in wunderbarer Weise erlebbar.

Wir überlegen im Vorfeld genau, welche Elemente der Vorbereitung vor den Augen der Kinder stattfinden und welche als Überraschung inszeniert werden. Für die notwendige Balance dieser Pole der kindlichen Wahrnehmung gibt es kein Rezept. Wie weit man die Kinder mit einbezieht, ist nicht zuletzt abhängig vom pädagogischen Standpunkt des Teams.

Nikolausbegegnung jenseits von Pathos oder Entzauberung

War der heilige Nikolaus in früherer Zeit eine ganz und gar unantastbare Figur mit großem, autoritärem Pathos, so wurde er im partnerschaftlichen Erziehungsstil der 1970er-Jahre, wenn nicht ganz abgeschafft, so doch deutlich entzaubert. Die Kinder konnten mit eigenen Augen sehen, dass der Vater oder ein Freund der Nikolausdarsteller war. Der „Nikolaus“ kam in Zivil zu den Kindern, um sich vor ihren Augen Stück für Stück in Sankt Nikolaus zu verwandeln. Die Erfahrung zeigte allerdings, dass für kleine Kinder der Reiz der großen und unbekannten Nikolausfigur selbst bei einer forciert offenen Inszenierung dennoch höchst irritierend wirken kann.

Aus den Erfahrungen dieser beiden extremen Nikolausideen sollte eine positiv gestimmte Balance erwachsen: Sankt Nikolaus als eine mild geheimnisvolle, aber freundliche Figur, welche die Erwartungen der Kinder erfüllt und ihnen ihre Träume belässt.

Die Gaben des heiligen Nikolaus

Der schönste Nikolaussack wird doch erst interessant und spannend durch seinen sorgsam verborgenen Inhalt. Was mag in dem Sack nur so geheimnisvoll rascheln? Hoffentlich ist auch für mich etwas dabei!

Ein Mitbringsel für jedes Kind

Wir befüllen die gebastelten oder genähten Tüten, Säckchen oder Stiefelchen mit je einer Mandarine oder einem kleinen roten Apfel, geschälten Wal-, Haselnüssen oder Mandeln und einer kleinen Nikolausfigur aus Schokolade, hübsch eingepackt in ein rot glänzendes Kleid aus Silberpapier. Selbstverständlich bekommt jedes Kind gleich viel und findet die gleichen Leckereien in seiner Nikolausgabe. Liegt bei einem Kind eine Lebensmittelunverträglichkeit vor, bemühen wir uns um einen attraktiven Ersatz im Säckchen.

Den Schoko-Nikolaus gibt es in allen Größen und Formen zu kaufen. Wählen wir für die Krippenkinder mit Bedacht aus dem reichhaltigen Angebot aus. So ein kleiner Nikolaus muss nicht mehr als 20 Gramm wiegen, wird er doch meist sofort und in einem Stück aufgegessen. Die Gestaltung der Figuren ist recht unterschiedlich, wobei aber immer öfter auch wieder der Schokoladenbischof mit Bischofsgewand und Mitra angeboten wird.

Die gefüllten Säckchen werden mit einem hübschen Band lose verschnürt. So können sie ohne Hilfestellung von den Kindern geöffnet werden. Nachdem für jedes Kind eine kleine Nikolausüberraschung vorbereitet ist, wird alles in einen Sack aus grobem Rupfen gesteckt und oben mit einer schönen Schleife verschnürt. Ein paar Tannenzweige sorgen für schlichten Schmuck. Sicher verpackt warten die Säckchen wohlverborgen auf ihren großen Einsatz in der Kindergruppe.

Die Freude am Beschenktwerden

Die Gaben für die Kinder bestehen aus „Naturalien" – das ist gute, alte Nikolaustradition. Ein paar Süßigkeiten, Obst und Nüsse mögen für uns schlicht wirken, sind aber tatsächlich ein großes Geschenk. Groß wird das Geschenk durch seinen inneren Gehalt. Die Kinder erleben: Eine unbekannte, geheimnisvolle Gestalt, außerhalb der eigenen Welt, hat (auch) an mich gedacht!

Verzicht auf materielle Gaben

Im heutigen Sprachgebrauch wird „Geschenk" stets mit Materiellem assoziiert. Je origineller und teurer das Präsent ist, umso größer und großartiger wird es wahrgenommen. Diese Entwicklung wird häufig vom Schenkenden stärker forciert als vom Empfänger der Gaben. Oft genug versuchen sich in der Weihnachtszeit und eben auch zum Nikolausfest Eltern und Großeltern im Schenken zu überbieten. Dabei kann man gerade von den noch unverbildeten Kindern im Kleinkindalter viel übers Schenken lernen. Ihre Freude ist stets groß, wenn sie eine Gabe bekommen, und sei diese auch noch so bescheiden.

Machen wir den Kindern die einfache Freude an einem kleinen Nikolaus aus Schokolade, einer Mandarine und ein paar Nüssen nicht kaputt, indem wir einen Spielzeug-Nikolaus beifügen, und sei er auch im Bischofsgewand. Materielle Geschenke gehören nicht zum Fest des heiligen Nikolaus und zu Ein- bis Dreijährigen erst recht nicht.

Nikolausgeschenk für die Gruppe

Ein ganz anderer Impuls als ein persönliches Präsent für jedes einzelne Kind ist dagegen ein schön verpacktes Geschenk für die ganze Gruppe. Ganz unten im Nikolaussack findet sich etwa ein passendes Bilder- oder Liederbuch, mit einer Widmung versehen: „Für die lieben Kinder von Sankt Nikolaus".

Dieses Päckchen lassen wir zunächst noch im Sack versteckt, den wir zu einem späteren Zeitpunkt, etwa beim Morgenkreis, noch einmal zur Hand nehmen. Mit großem Erstaunen entdecken wir gemeinsam mit den Kindern, dass wir noch etwas auszupacken vergessen haben. Freudig wird das Geschenk aus dem Sack geholt und in der Runde feierlich ausgepackt.

Dabei muss es gar kein großes Präsent sein, eine schöne Kerze aus Bienenwachs oder ein vergoldeter Kiefernzapfen zeigt den Kindern die Wertschätzung des Nikolaus ebenso. Nicht nur das einzelne Kind wurde bedacht, sondern auch die kleine Gemeinschaft.

Das Nikolausgeschenk für die ganze Gruppe wird ein Begleiter durch die Adventszeit in der Krippe und erinnert die Kinder immer wieder an das Fest am 6. Dezember.

Gemeinsame Nikolausfeier mit den Eltern?

Häufig wird in der Literatur vorgeschlagen, das Nikolausfest in der Kita als gemeinsames Fest mit den Eltern zu feiern. Das mag für den Kindergarten eine gute Idee sein, für die Ein- bis Dreijährigen gilt dies zweifellos nicht. Die Erfahrung zeigt, dass sich die Kinder oft ganz anders als gewohnt verhalten, wenn ihre Mama oder ihr Papa mit in der Einrichtung sind. Plötzlich zeigt sich ein Kind weinerlich, braucht seinen Schnuller unbedingt oder ist beim kleinsten „Aua" untröstlich, während sein Verhalten im normalen Alltag der Krippe eher ausgeglichen und stabil ist. Einige Kinder drehen dagegen ganz schön auf, wenn sie die Eltern in der Nähe wissen, während andere wiederum sich ganz eng an die Mutter klammern, so dass sie kaum noch am Gruppengeschehen teilnehmen können.

Die Anwesenheit der Eltern kann den Festablauf erschweren

Sind Eltern in der Gruppe anwesend, entsteht meist eine ganz eigene Dynamik. Das mag aufschlussreich für die pädagogische Arbeit sein, sollte aber nicht unbedingt bei dem so sensiblen Geschehen des Nikolausbesuchs auftreten. Vielmehr ist es gerade an diesem Tag von besonderer Bedeutung, zusätzlich zum ohnehin schon spannenden Festverlauf nicht noch weitere Irritationen aufkommen zu lassen.

Zu viel Ungewohntes und Aufregendes schlägt bei kleinen Kindern nur zu oft in Verstörung und Abwehr um, was sich meist in untröstlichem Schreien und Weinen ausdrückt und das Gelingen des Festes gefährdet.

Der Wunsch der Eltern, das eigene Kind in den zentralen Augenblicken des Festes zu erleben, ist nur natürlich und auch verständlich, aber leider wenig gruppendienlich. Eltern haben im Gegensatz zu den pädagogischen Fachkräften weder die ganze Gruppe im Blick, noch sind sie mit dem Gruppenverhalten ihrer eigenen Kinder bzw. dem der anderen Kinder vertraut. Gepaart mit den naturgemäß hohen Erwartungen an das Fest können diese Faktoren zum echten Hindernis eines gelungenen Festablaufs werden.

In der Regel kommen Ein- bis Dreijährige ganz gut zurecht mit der zeitlichen und räumlichen Trennung der Bereiche. Hier Mama und Papa in der häuslichen Umgebung mit ganz bestimmten Regeln und Ritualen – da die Kinderkrippe mit den Betreuerinnen, der Gruppe und eigenen Regeln. Treffen die verschiedenen Lebensbereiche aufeinander, erleben dies die Kinder oft als Verunsicherung, gepaart mit klassischen Rollenkonflikten.

Einbeziehung der Eltern im Vorfeld

Beziehen Sie die Eltern bei den Vorbereitungen und Planungen zum Nikolausfest mit ein. Der Besuch des heiligen Nikolaus jedoch sollte allein mit den Kindern und den Betreuerinnen im gewohnten Gruppengefüge stattfinden. Bei Bedarf begründen Sie diese Vorgehensweise fachlich und werben bei den Eltern für das nötige Verständnis. Anders ist es, wenn Kinder und Eltern es gewohnt sind, in der Einrichtung oder Spielgruppe beieinander zu sein, dann kann auch die Nikolausfeier zusammen mit den Eltern im großen Kreis gefeiert werden. In diesem Fall ist ein vorbereitendes Gespräch mit den Eltern unerlässlich.

Das Nikolausfest in mehrgruppigen Kitas

Die Vorschläge zur Festgestaltung beziehen sich immer auf die einzelne Kindergruppe als „kleinste pädagogische Einheit“. In der Realität arbeiten wir natürlich häufig in mehrgruppigen Einrichtungen – mehrere Kitagruppen unter einem Dach, Krippen- und Kindergartengruppen, zusätzlich vielleicht auch Hortkinder. Zum Nikolaustag sollte jede einzelne Gruppe der Ein- bis Dreijährigen ein separates, „eigenes“ Fest durchführen oder man feiert ein Fest für alle Kinder im Krippenalter. Die Kleinen würden sonst vollkommen untergehen!

Sind die Ein- bis Dreijährigen dagegen an eine Gruppe mit großer Altersmischung gewöhnt, wird selbstverständlich auch das Nikolausfest im gewohnten Gefüge gefeiert.

Soll der Nikolaus leibhaftig erscheinen?

Der Besuch des Heiligen Nikolaus in der Kita kann mit ganz unterschiedlichen Details, in einer mehr oder weniger geheimnisvollen Stimmung angelegt werden. Hier entwickelt jedes Team seine eigenen Vorstellungen. Der „Knackpunkt" ist jedoch die Entscheidung für oder gegen einen Auftritt des Nikolaus in leibhaftiger Gestalt.

Plädoyer für eine indirekte Inszenierung

Fachwissen, Erfahrung und innere Verbundenheit mit Kindern im Alter von einem bis drei Jahren legen es nahe, auf den Besuch der leibhaftigen Nikolausgestalt in der Kinderkrippe zu verzichten und sich stattdessen für eine indirekte Inszenierung bei der Nikolausfeier zu entscheiden. (··· *Heute ist Nikolaustag – Empfohlener Ablauf*, Seite 81ff). Die überraschende Konfrontation mit einer unbekannten, großen Person, die Spannung und Ungewissheit ist einfach zu groß für kleine Kinder. Nicht Sankt Nikolaus als *Person* muss lebendig dargestellt werden: Ist die Atmosphäre beim Nikolausfest freudig gespannt, liebevoll behütet und voll kindlicher Erwartung und Erfüllung, so lassen wir die *Botschaft* des heiligen Nikolaus lebendig aufstrahlen. Im Laufe ihrer Kindheit wird es für unsere Kinder noch genügend Gelegenheit geben, einer leibhaftigen Nikolausgestalt zu begegnen.

Man sollte nicht davon ausgehen, dass eine sprachliche und abbildende Vorbereitung der Kinder – also durch Geschichten, Lieder und Bilderbücher zu Sankt Nikolaus – die ganz kleinen Kinder ausreichend vorbereiten könnte auf den „wirklichen Nikolaus".

Erfahrungsgemäß weckt der Nikolausbesuch Ängste

Betrachten wir die Entscheidung für oder wider einen Nikolaus in lebendiger Gestalt mit dem Herzen und stellen bei unseren Vorüberlegungen die Kinderseelen in den Vordergrund. Es können große Verunsicherung und tiefe Ängste auftreten, selbst ohne für uns sichtbare furchtauslösende Elemente. Hinzu kommt, dass Ein- bis Dreijährige noch nicht oder nur wenig über ihre Erlebnisse erzählen können. Damit fehlt den Kindern ein wichtiges Ventil für ihre Gefühle und ein elementares Instrument zur Einordnung und Relativierung ihrer Erlebnisse. Uns hingegen fehlt die so wichtige Rückmeldung durch die kindliche Wahrnehmung. Allerdings sprechen die Kinder auch ohne Worte eine sehr deutliche Sprache.

Wer einmal in der Praxis erlebt hat, wie die Stimmung durch panisch reagierende Kinder kippen kann und wie einzelne Kinder wirklich leiden oder traumatisiert wirken, bleibt sicher skeptisch gegenüber einem leibhaftigen Besuch des Sankt Nikolaus bei Krippenkindern. Ängste, Panik oder auch „nur“ Weinen der Kinder während einer Nikolausfeier muss es nicht geben! Eltern und pädagogische Fachkräfte sollten genau reflektieren, ob wir nicht vielleicht unbewusst eigene Ängste aus der Kindheit an die uns anvertrauten Kinder weitergeben.

Kleine Kinder verfügen erst über wenige Relationsgrößen für ihr Erleben und können ihre Eindrücke noch nicht verbalisieren. Wir dosieren in der Regel die auf sie einströmenden Reize sehr genau, warum sollten wir dies ausgerechnet am Nikolaustag unterlassen?

... und kommt er aber doch!

Entscheiden wir uns für einen Nikolaus als leibhaftige Erscheinung, achten wir darauf, dass dieser keine unbedachten, Angst fördernden Äußerungen gegenüber den Kindern macht. Die meisten Nikolaus-Darsteller haben sich eine gewisse Routine angewöhnt und spulen die stereotypen Aussagen und Fragen mehr oder weniger liebevoll ab. Sie sind in der Regel nicht vom Fach und verständlicherweise häufig überfordert mit so kleinen Kindern, wie wir sie in der Krippe betreuen.

Verhaltenstipps für den Nikolaus-Darsteller

Ob nun ein Bekannter oder ein professioneller „Miet-Nikolaus" in die Rolle des Heiligen schlüpft, entscheidend ist seine Einfühlung in die Bedürfnisse und Wahrnehmung der kleinen Kinder. Er sollte leise, behutsam und liebevoll mit den Kindern sprechen. Auch sollte er unbedingt darauf vorbereitet werden, dass Kinder erschrecken und vielleicht in Panik geraten könnten. Sprechen Sie dies genauso konkret an wie den gesamten äußerlichen Ablauf. Stellen Sie explizit sicher, dass kein Krampus auftritt! Auch auf den Krummstab und das goldene Buch, im Grunde positive Requisiten,

kann verzichtet werden. Diese Insignien der Macht wirken aus sich heraus und können Kinder zusätzlich einschüchtern.

Geben Sie Ihrem „Nikolaus“ wichtige Verhaltenstipps, wie er sich im Fall von auftretenden Ängsten verhalten soll: Ruhe bewahren, sich hinsetzen (sich kleiner machen) und darauf vertrauen, dass die Betreuerinnen die Situation wieder in die Balance bringen.

Eine wirklich offene, organisatorische wie pädagogisch fachliche Vorbesprechung mit dem Nikolaus-Darsteller ist unerlässlich. „Alles klar!“ ist zu wenig – gehen Sie ruhig hartnäckig ins Detail! Auf einen Krampus muss in jedem Fall verzichtet werden!

Die Nikolausfeier in der Krippe: „Ein Schlitten steht vor der Tür“

Bei dieser in vielen Jahren erprobten Variante der Festgestaltung erleben die Kinder den Besuch des Nikolaus in indirekter Weise – gleichwohl sehr intensiv. Eine nachhaltige Erfahrung und jedes Jahr aufs Neue von den Kindern bestätigt. Ihre Gespanntheit, ihr Bangen und Staunen, ihre Sorgen und ihre Gelöstheit am Ende des Festes zeigen überdeutlich: Mehr muss nicht sein!

Es liegt etwas in der Luft

Am Morgen des Nikolausbesuchs in der Kindergruppe liegt eine besondere Stimmung in der Luft. Ein Kind bemerkt, dass die Säckchen nicht mehr auf der Leine hängen. Wer hat sie abgenommen? Ob es wohl der Nikolaus war? Vielleicht kommt er heute in unsere Gruppe? Lassen wir uns überraschen!

Die Zwei- bis Dreijährigen erzählen von ihrem Nikolauserlebnis zu Hause. Manchmal lässt sich schon im Vorfeld erkennen, ob einzelne Kinder ungute Erfahrungen mit dem Nikolaus gemacht haben oder allein wegen der gespannten Atmosphäre verunsichert oder ängstlich sind. Wir fangen die Kinder auf, indem wir ihre Sorgen ernst nehmen und benennen, aber auch versuchen, sie zu entkräften. Wir bieten unsere Hilfe an „Du darfst dich ganz nah zu mir setzen. Setz' dich auf meinen Schoß. Du musst keine Angst haben, ich passe auf dich auf."

Sanft unterstützen wir die Kinder in ihrer Erwartung, nähren ihre Vorfreude und gleichzeitig achten wir darauf, dass die Spannung nicht zu groß wird.

Heute ist Nikolaustag – Empfohlener Ablauf

Wir beginnen diesen besonderen Tag in gewohnter Weise. Die Kinder kommen an, werden begrüßt und fühlen sich in die Gruppe und den Kita-Alltag ein. Bei der gemeinsamen Brotzeit ist es dann so weit! Die Mahlzeit beginnt zunächst wie jeden Morgen. Eine, vielleicht auch schon zwei Kerzen auf unserem Adventskranz werden entzündet. Die Kinder reichen sich die Hände und gemeinsam sprechen wir unser Adventsgedicht (Ideen zur Gestaltung der Adventszeit in der

Kinderkrippe in: Monika Lehner: Advent und Weihnachten feiern mit Ein- bis Dreijährigen, Don Bosco, München 2011). Anschließend lassen sich die Kinder eine einfache, aber gute Brotzeit schmecken. Schlichte Butterbrote werden angeboten, es gibt ja später noch genug zu Naschen! Am Ende der Brotzeit singen wir voller Freude unser Nikolauslied. Die Kinder klatschen beim Refrain fröhlich mit: „Lasst uns froh und munter sein“. Da klopft es plötzlich sanft ans Fenster. Feines Glockengebimmel ist zu hören.

Wer klopft und bimmelt an der Tür?

Die Kinder sind erstaunt, manche vielleicht auch ein wenig erschrocken. Wir greifen die Spannung und Überraschung der Kinder sprachlich auf und bündeln sie: „Habt ihr auch etwas gehört?“, fragen wir die Kinder. „Wer kann das sein?“ Sicher vermutet ein Kind, dass der Nikolaus geklopft oder gebimmelt haben könnte.

Wir geben den Kindern genug Zeit für ihre Gefühle voll Bangen und Erwartung. Ist wieder ein wenig Ruhe in die Gruppe eingekehrt, leiten wir sie weiter auf das bevorstehende Erlebnis.

„Habt ihr jemand gesehen? Nein! Lasst uns doch die Tür öffnen und nachsehen, wer draußen ist.“ Die Kinder stehen vom Brotzeittisch auf. Gemeinsam mit einer Erzieherin geht die kleine Schar zur Eingangstür. Manche Kinder stürmen vor, andere gehen lieber an der Hand oder wollen getragen werden. Es kann auch bei dieser indirekten Inszenierung des

Nikolausbesuchs dazu kommen, dass sich Kinder ängstigen. Sie zeigen uns dies deutlich. Sie klammern sich an uns, sind gar nicht neugierig und möchten nicht mit zur Tür gehen, um nachzusehen, wer denn da gebimmelt hat.

Ängstlichen Kindern körperliche Nähe und Sicherheit geben

Eine Erzieherin bleibt bei den vorsichtigen oder ängstlichen Kindern im Hintergrund. Vielleicht brauchen sie nur einen Moment der Rückversicherung und finden sich später voller Neugierde und Freude mitten im Geschehen. Es kann aber auch zu haltlosem Weinen oder panischem Schreien kommen – nur auf Grund der aufgebauten „kleinen“ Spannung oder in der Folge Angst erzeugender Erlebnisse außerhalb der Krippe. Wir nehmen das Kind auf den Arm und geben ihm durch körperliche Nähe und Vertrautheit die Sicherheit, die es braucht. Reicht diese Distanz zum Geschehen für das Kind nicht aus, verlassen wir die Situation mit dem Kind vorübergehend ganz. Vielleicht beruhigt sich das Kind schnell in der Einzelsituation mit der vertrauten Bezugsperson und kann vorsichtig ins Gruppengeschehen zurückkommen. Die Kolleginnen werden inzwischen die anderen Kinder begleiten auf ihrer Suche nach dem Nikolaus und seinen Gaben.

Wir respektieren das Bedürfnis ängstlicher Kinder nach Abstand von der irritierenden Situation und bieten ihnen gleichzeitig die Möglichkeit einer vorsichtigen Annäherung und fröhlichen Teilhabe am Geschehen, um positive Erfahrungen zu machen.

Der geheimnisvolle Nikolausschlitten

Direkt vor der Tür oder auch etwas versteckt steht ein goldener Schlitten mit kuscheligem Fell und einem großen Jutesack darauf. Die Kinder dürfen ruhig ein wenig nach der Überraschung spähen. Das erhöht die Spannung ein bisschen und die Entdeckerfreude wird später umso größer sein. Hat es geschneit, steht der Nikolausschlitten im Schnee und große Fußstapfen zeigen uns deutlich die

Spuren des geheimnisvollen Besuchs. Durch Bilder und Lieder haben die Kinder den heiligen Nikolaus in der Vorbereitungsphase schon gut kennen gelernt. Schlitten und Sack sind für sie eindeutige Merkmale. Vielleicht hat der Nikolaus auch seinen goldenen Bischofsstab als Zeichen für die Kinder beim Schlitten gelassen. „Schaut mal, Kinder, auf dem Schlitten liegt ein goldenes Buch. Was da wohl drinsteht?“

Nachdem sich die Aufregung rund um die Entdeckung etwas gelegt hat, ziehen und schieben wir den schweren, goldenen Schlitten in die Kita-Räume. Die Kinder legen sich mächtig ins Zeug. Bald steht der große Sack auf seinem winterlichen Gefährt in der Mitte der Kinder, die sich im Kreis auf den Boden gesetzt haben. Ein Kind hat zusammen mit einer Erzieherin den Bischofsstab mit hereingebracht.

Wir stimmen unser Lied noch einmal an und enden mit den Worten „Niklaus ist ein guter Mann, dem man nicht genug danken kann. Lustig, lustig, tralleralle-ra, jetzt ist Nikolausabend da“. Das Singen und rhythmische Mitklatschen beruhigt die aufgeregte Kinderschar. In diesem musikalischen Dank an den Nikolaus ist wohl auch einige Erleichterung enthalten.

Sankt Nikolaus hinterlässt Spuren

Während die Kinder dem Glockengebimmel nachgehen, stellt eine Kollegin rasch eine Tasse mit Nikolausmotiv auf den Brotzeittisch und gießt ein wenig ein vom Kindertee oder Saft. Kehren die Kinder wieder in den Raum zurück, finden sie diese unverkennbaren Spuren des heiligen Nikolaus. Vielleicht sind die Kinder aber auch zu aufgeregt, um etwas zu bemerken. Mit staunendem Tonfall weisen wir sie auf die Veränderungen hin: „Seht mal Kinder, Sankt Nikolaus war durstig und hat ein wenig von unserem guten Tee getrunken. ... Oh, er hat seine schöne Tasse vergessen!“

Diese kleine Inszenierung unterstützt auf sehr feine Art die kindliche Faszination, die dem Nikolausbesuch ohnehin innewohnt. Die Tasse wird nach der Bescherung wieder mit auf den Schlitten gelegt. Nikolaus nimmt sie bestimmt wieder mit.

Nikolaussack und goldenes Buch

Liegt auf dem Schlitten ein goldenes Buch, so wird es feierlich aufgeschlagen und daraus vorgelesen.

Von Sankt Nikolaus für die lieben Kinder von ... *(Name der Kita oder der Gruppe).* Heute ist mein Festtag und alle Kinder warten auf mich. Es ist sehr schön bei euch und ihr habt so hübsche Säckchen gebastelt. Darüber habe ich mich sehr gefreut. Gerne möchte ich euch eine kleine Freude machen. Für jedes Kind habe ich etwas mitgebracht. Alles Liebe und Gute wünscht euch der liebe Nikolaus!

Feierliche Bescherung aus dem Gabensack

Der große Nikolaussack wird nun geöffnet. Spätestens jetzt sind auch ängstliche Kinder wieder ganz dabei. Reihum wird jedes Kind beim Namen genannt und darf einzeln zum Sack kommen. Es nimmt selbst eine der kleinen Gaben aus dem Sack oder sie wird ihm von einer Erzieherin feierlich überreicht. Sind die Säckchen oder Filzstiefelchen von den Kindern individuell gestaltet, durch die Farbwahl oder aufgeklebte Schmuckelemente, achten wir darauf, dass jedes Kind sein eigenes Säckchen bekommt. Bei einer für alle Kinder identischen Gestaltung kann auf eine namentliche Kennzeichnung verzichtet werden. Dennoch wird die Gabe es heiligen Nikolaus mit großer Aufmerksamkeit jedem einzelnen Kind ganz persönlich überreicht.

Wir achten darauf, dass die Kinder nicht alle Säckchen sofort aufreißen. Sind ausreichend Erwachsene mit in der Situation, wird

dies möglich sein. Das eine oder andere Kind kann es freilich nicht erwarten und wird schon in die Nikolaustüte spähen. Das ist nicht weiter schlimm, die Grundstimmung in der Runde sollte jedoch ruhig und bedacht sein. Die Aufmerksamkeit liegt jeweils bei jenem Kind, das an der Reihe ist, sein Geschenk aus dem Nikolaussack zu erhalten.

Vielleicht bleibt ein Päckchen übrig, weil ein Kind am Festtag erkrankt ist. Wir überlegen gemeinsam, für wen das Geschenk wohl sein könnte und bewahren es sorgsam auf, bis das Kind wieder in die Gruppe kommt. ... Manchmal ist auch für jede der Betreuerinnen eine kleine Überraschung im Nikolaussack versteckt.

Die Nikolausfigur wird im Gruppenraum platziert

Während die Kinder mit dem Auspacken des Nikolaussacks beschäftigt sind, wird unsere selbst gefertigte, schlicht gestaltete Nikolausfigur (··· Bastelanleitung *Nikolausfigur* Seite 41ff) eventuell in ein vorbereitetes winterliches Wandbild im Gruppenraum eingefügt. Eine mit farbigem Transparentpapier gefertigte Figur macht sich natürlich am Fenster sehr gut. Oder aber wir stellen eine dreidimensionale Bischofsfigur an passender Stelle auf. Geschieht dies von den Kindern unbemerkt, werden sie umso überzeugter davon sein, dass es nur Sankt Nikolaus gewesen sein kann, der bei ihnen war.

„Lasst uns froh und munter sein“

Ist der Nikolaussack geleert und sind all die guten Gaben verteilt, sitzen die Kinder glücklich und erwartungsvoll im Kreis. Gemeinsam stimmen wir noch einmal „Lasst uns froh und munter sein“ an. Die Liedverse finden nun wirklich ihre Entsprechung in den Erlebnissen der Kinder. Beim Refrain entlädt sich mit rhythmisch-freudigem Klatschen die gerade erlebte Anspannung in reine kindliche Freude.

Das schmeckt aber gut!

Kaum ist das Lied verklungen, gibt es kein Halten mehr. Die Säckchen werden aufgeschnürt und die Kinder machen sich voller Freude und Lust über den süßen und fruchtigen Inhalt her. Jetzt bräuchten wir zehn Hände, um all die Schokoladen-Nikoläuse und Schokobonbons auszuwickeln, die Mandarinen zu schälen und auch ein paar Nüsse zu knacken. Die Spannung hat sich vollständig gelöst. Die staunend-aufmerksame Phase des Nikolausfestes weicht nun einem frohen und genussvollen Miteinander. Ein wenig lustiges Durcheinander kann unsere kleine Festgesellschaft nun schon verkraften.

Danke, lieber Nikolaus

Zum Abschluss dankt eine Erzieherin im Namen aller Kinder dem heiligen Nikolaus für seinen Besuch und seine guten Gaben. Dann singen wir die Strophe „Nikolaus ist ein guter Mann, dem man nicht genug danken kann“.

„... Und was machen wir mit dem Schlitten und dem schönen Bischofsstab? ... Bestimmt braucht der heilige Nikolaus seine Sachen wieder. Er will doch noch so viele andere Kinder besuchen und beschenken ...“

Alle Kinder helfen mit, Stab und Schlitten vor die Tür zu stellen, ... gut sichtbar für die Kinder. Wir vergessen nicht, ein wenig Heu für das Eselchen, das den schweren Schlitten zieht, hinzulegen. Ob der liebe Nikolaus kommt, um all seine Sachen wieder mitzunehmen? ... In einem unbeobachteten Moment verschwinden später die Nikolausutensilien unbemerkt, sehr zum Staunen der Kinder.

Nikolaus kommt als Handpuppe

Eine schöne Idee zur Verbindung einer indirekten Inszenierung des Nikolausbesuchs mit seiner lebendigen Erscheinung ist der Einsatz einer Handpuppe. Mit einfachen Mitteln dekorieren wir etwa einen Seppl aus dem Kasperltheaterfundus zum freundlichen Nikolaus um, oder eine Prinzessin zu einem Englein – Umhang und Mitra aus rotem Filz für den kleinen Nikolaus und Goldband um den Kopf und Flügel aus Goldpapier oder weißen Federn für das Englein.

Empfehlenswert ist diese Methode nur dann, wenn die Gruppe an den Auftritt von Handpuppen gewöhnt ist. Sollten in der Kita Kasperl- und Handpuppen unbekannt sein, würde ihr unvermittelter Auftritt gerade am hochemotionalen Nikolaustag irritierend wirken und damit eher schädlich als dienlich sein.

Ist der Sack vom Schlitten in die Mitte der Kinderrunde gelegt, kann diese kleine Hilfsperson auftreten. Die Handpuppe – sei es der kleine Nikolaus oder ein Eng-

lein – öffnet nun den Sack und verteilt die Gaben an die Kinder. Die Erzieherin spricht dazu mit leicht veränderter Stimme jedes Kind persönlich an. Sie kennt ihre Kinder gut und kann so sensibel und spontan auf die Erwartungen bzw. Befürchtungen einzelner Kinder reagieren. Im Zweifelsfall kann die Situation ganz rasch zurückgenommen werden, was beim leibhaftigen Nikolausbesuch nicht möglich ist. Die kleine Handpuppe kann sich kurz zurückziehen, um ganz vorsichtig wieder zu erscheinen. Sie kann sich greifbar machen, etwa jedem Kind die Hand reichen oder eine kleine liebkosende Berührung ausführen und so Vertrauen entstehen lassen.

Wird eine Handpuppe am Nikolaustag eingesetzt, kann diese natürlich auch in der Nachbereitung wertvolle Dienste leisten. Die Kinder erinnern sich bestimmt an den geheimnisvollen und dem kindlichen Weltbild so nahen Besuch.

Kleiner Einblick für die Eltern

Gerade Eltern von kleinen Kindern haben den verständlichen Wunsch, vom Nikolausbesuch in der Kita auch etwas mitzubekommen. Schön wäre, blieben Säckchen oder Stiefelchen der Nikolausüberraschung während des Festes einigermaßen unversehrt. Wird eines im Eifer des Gefechts zerrissen, so machen wir es mit ein wenig Kleber wieder heil.

Zwar gibt es immer wieder auch Kinder, die sowohl Inhalt als auch Verpackung der Nikolausgabe nahezu unberührt lassen, in der Regel gehen kleine Kinder aber eher mit „grobmotorischer Begeisterung“ ans Auspacken. Wollte man jedoch den Inhalt der Säckchen bewahren, bis die Kinder abgeholt werden, würde man ganz am kindlichen Erleben vorbeiplanen. Das Nikolausgeschenk wäre eher ein Vorzeigeobjekt denn eine echte Gabe für die Kinder!

Nachträglich geben wir in alle Nikolaussäckchen oder -stiefel ein Bonbon oder einige Nüsse und stellen sie gut sichtbar auf, jedoch außerhalb der Reichweite der Kinder. Beim Abholen dürfen die Kinder den „Rest vom Fest“ mit nach Hause nehmen. So können wir die Eltern ein wenig hereinholen in unser Krippenfest zum Nikolaustag. Die Kinder erzählen ihnen von ihren Eindrücken – mit Worten oder beredten Gesten. Sie entdecken zu ihrer Freude die süße Kleinigkeit (bestimmt vom Nikolaus!) und werden so noch einmal verbunden mit ihren morgendlichen Erlebnissen.

Fotografische Erinnerungen

Große Freude löst eine kleine „Fotoreportage“ rund um den Nikolausbesuch aus. Eltern, Kinder sowie das Team wissen diese schönen Erinnerungen an den Festtag am 6. Dezember zu schätzen. Der beste Augenblick für einen gelungenen Schnappschuss ist der Moment, wenn Kinder ihr Nikolausgeschenk erhalten.

Diese vielsagenden Fotografien lassen sich aber nur mit genügend Personal machen. Während eine Erzieherin sich ganz der Übergabe der Nikolausgaben aus dem großen Sack widmet und jedem Kind die gebührende Aufmerksamkeit zeigt, ist eine weitere voll damit beschäftigt, die Gruppe beieinanderzuhalten und die Aufmerksamkeit der Kinderschar auf das Geschehen in der Kreismitte zu konzentrieren. Eine dritte Kollegin könnte das Fotografieren übernehmen und die begehrten Erinnerungen knipsen. Werden Einzelfotos angefertigt, achten wir unbedingt darauf, *jedes* Kind abzubilden. Sonst könnte es später die eine oder andere Enttäuschung geben. Lassen sich

keine einzelnen Aufnahmen machen, dokumentieren wir die Gruppensituation, etwa bei der Entdeckung des Schlittens.

Nicht die Fotodokumentation steht im Vordergrund, sondern der sensible Umgang mit dem Erleben der Kinder und das Bemühen um ein gelungenes und freudiges Fest. So schön fotografische Erinnerungen auch für alle sind, die gelebte Erinnerung in den Herzen der Kinder ist wesentlicher.

Der Nikolausbesuch wirkt nach

Ist die Vorbereitungszeit auf die Figur des Sankt Nikolaus und seinen Besuchs auch relativ kurz und eingezwängt in die allgemeinen Advents- und Winterfreuden, so bleibt doch genug Zeit, das Geschehen mit den Kindern nachzubereiten. Unser Nikolauslied wird noch die ganze Woche und darüber hinaus gern von den Kindern gesungen. Wir schauen uns gemeinsam die Fotogalerie rund um den geheimnisvollen Schlitten mit Nikolaussack an und betrachten noch einmal ein Bilderbuch zum Thema. Die Kinder sind mit Begeisterung dabei und vertiefen spielerisch ihre Eindrücke vom Nikolausfest. Noch lange wird bei jedem Klingeln der Hausglocke freudig aufgeregt Sankt Nikolaus vermutet!

Waren einzelne Kinder trotz sorgsam liebevoller Inszenierung ängstlich, so kann man durch eine kindgerechte Nachbereitung so manches ungute Gefühl der Kinder auffangen und nachträglich positiv wenden. So kann etwa unser kleiner Handpuppen-Nikolaus noch einmal eine positive Einordnung der kindlichen Erlebnisse und Erinnerungen unterstützen.

Wir geben den kindlichen Vorstellungen rund um Sankt Nikolaus im Nachhinein Nahrung in Wort und Bild und bieten den Kindern so die Möglichkeit der Vertiefung und Verarbeitung ihrer Erlebnisse.

Andenken an den Nikolaus und Spielangebote

Planen wir den Ablauf des Nikolausbesuchs so, dass einzelne Requisiten des Nikolausbesuchs in der Gruppe verbleiben, etwa der Sack und das goldene Buch des Sankt Nikolaus. Die Gegenstände werden zur Erinnerung an geeigneter Stelle in der Einrichtung ausgestellt und sind ein sowohl dekorativer wie auch sinn-voller Raumschmuck. Durch die greifbaren Andenken an das Erlebnis des 6. Dezember bleibt dieser große Tag in der Vorstellung der Kinder präsent. Nach etwa einer Woche entfernen wir die Nikolausutensilien wieder aus den Räumen und aus der Wahrnehmung der Kinder. Die dritte Kerze auf dem Adventskranz ist dafür der richtige Zeitpunkt.

Praxis-Ideen

Rollenspiel „Ich bin der Nikolaus“

Material:

Roter Umhang (Decke), Mitra (aus Pappe gefertigt), Bischofsstab, Glöckchen

Mit roter Decke, Kinderbischofsmütze und Schlitten in der Mitte sitzen wir mit den Kindern im Bodenkreis. Eine kleine Glocke bimmelt und zieht die Kinder in ihren Bann. Reihum darf jedes Kind einmal das Glöckchen in die Hand nehmen und den Ton anschlagen. Wir bieten nun ein kleines Rollenspiel an. Wer möchte sich einmal den roten Umhang um die Schultern legen und wie Sankt Nikolaus auf dem Schlitten sitzen? Auch eine einfache Mitra aus roter Pappe liegt bereit. Sitzt ein Kind als Nikolaus auf dem Schlitten, lassen wir das Glöckchen schellen und singen im Kreis fröhlich eine Strophe unseres Nikolausliedes. Freiwilligkeit ist hier, wie bei jedem Rollenspiel, von großer Bedeutung. Selbst wenn kein Kind in die Nikolausrolle schlüpfen will, lassen wir dies ohne eigene Enttäuschung zu. Die besonderen Gegenstände können auch nur berührt werden oder von den Kindern verwendet werden, ohne dass sie in den Mittelpunkt treten. Mitra und Umhang bilden in jedem Fall eine anschauliche Erinnerung an den Nikolausbesuch.

Die Requisiten mit ihrem starken Aufforderungscharakter bleiben nach dem angeleiteten Rollenspiel noch eine Weile als Angebot im Gruppenraum. Wir bleiben jedoch beobachtend und begleitend präsent. Vielleicht nähert sich nun ein schüchternes Kind auf eigene Faust und unbeobachtet dem Schlitten und schlüpft in die Nikolausrolle.

Ist das Interesse der Kinder erloschen, bringen wir alle zusammen die „heiligen“ Nikolaussachen wieder an ihren Ort zurück. Sie sollten nicht achtlos im alltäglichen Spielgeschehen untergehen. Vielleicht stellen wir sie vor die Tür, auf dass Sankt Nikolaus sie holen möge.

Mitra für Kinder

Material:

Feste Pappe, rotes Tonpapier, Goldpapier, Büroklammer

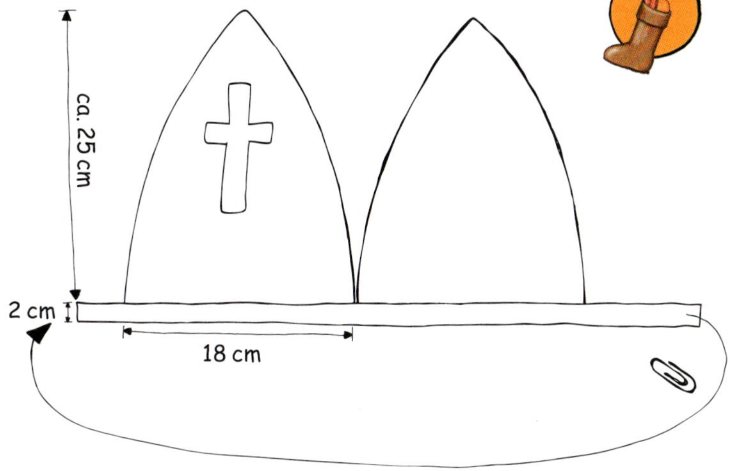

Auf ein 2 cm breites Band aus fester Pappe werden nebeneinander zwei Mitraformen aus rotem Tonpapier geklebt. Auf die Vorderseite kommt ein Kreuz oder Stern aus Goldpapier. Das Pappband ist etwas länger als die beiden Hutformen und wird auf der Seite mit einer großen Büroklammer zusammengehalten. Wir lassen ein wenig Spielraum, um die Kopfbedeckung bei Bedarf schnell enger oder weiter machen zu können. So passt die kleine Bischofsmütze allen Kindern.

Geschenke aus dem Sack

Material:

Eine Schüssel mit vergoldeten Walnüssen (Nüsse mit Plakat- oder Acrylfarbe auf Wasserbasis in Gold bemalen)

Am Tag nach dem Besuch des heiligen Nikolaus sitzen die Kinder am Boden im Kreis. Unser Nikolauslied wird angestimmt und alle singen und klatschen mit, voller Erinnerung an den Besuch des Nikolaus. Eine Schüssel mit vergoldeten Walnüssen steht in der Mitte. Der Jutesacke vom Nikolaus wird noch einmal herbeigeholt. Langsam und mit großer Aufmerksamkeit wird er mit den goldenen Nüssen gefüllt. Für jedes anwesende Kind und jeden Erwachsenen wird eine Gabe in den Sack gepackt.

Nun greift die Erzieherin in den Sack und holt die erste goldene Walnuss heraus, betrachtet sie freudig und schenkt sie einem Kind in der Runde. Als nächstes kommt eines der älteren Kinder an die Reihe. Es greift hinein und schenkt das Gefundene einem Kind im Kreis. Alle Kinder kommen an die Reihe, bis der Sack leer ist.

Wir begleiten das Geschehen sprachlich – Schenken und Beschenktwerden, Geben und Nehmen. Dabei greifen wir auch mögliche Zweifel der Kinder auf, ob sie das Geschenk denn machen wollen.

Vielleicht schafft es ein Kind nicht, „seine" im Sack gefundene goldene Nuss zu verschenken. Wir lassen das zu – das Kind darf die Nuss behalten. Schenken ist ein freiwilliger Impuls. Wiederholen wir die Runde noch einmal, fällt das Geben eventuell schon leichter.

Zum Schluss darf jedes Kind die goldene Nuss behalten, die es von einem anderen Kind in der Runde als Geschenk erhalten hat. Der Sack wird wieder an seinen Platz gebracht. Wir wiederholen das Nikolauslied und schließen den Kreis damit gut gelaunt ab.

Kreisspiel „Ich trage den Sack"

Die Kinder sitzen im Kreis. Der Raum ist eventuell ein wenig abgedunkelt. Der Sack vom Nikolausbesuch liegt in der Mitte des Kreises bereit. Das kleine Lied *Nikolo bum bum* (···> Seite 52) oder *Nikolaus geht um den Kreis* (···> Seite 53) wird in gemächlichem Tempo vorgetragen.

Nun darf ein Kind den Sack über die Schulter legen oder in den Händen tragen und in der Rolle des Nikolaus den Kreis der Kinder umrunden. Das Kind geht langsam, es muss ja den schweren Sack schleppen. Dies vermitteln wir mit Worten und Gesten, vor allem aber durch die Musik. Wir singen das Lied und achten darauf, dass das Kind immer zum Ende der Melodie wieder an seinem Platz ankommt. Eine einfache Begleitung mit dem Tamburin passt gut und unterstreicht den langsamen und gemessenen Schritt des Nikolauskindes rhythmisch.

Bei jeder Wiederholung des Liedes geht ein anderes Kind mit dem Sack über der Schulter um den Kinderkreis. Die Kinder singen und klatschen mit und beteiligen sich am Spiel.

Trauen sich manche Kinder nicht, in die Rolle des Nikolaus zu schlüpfen, bieten wir die Begleitung eines anderen Kindes oder einer Betreuerin an, ohne das Kind zu bedrängen. Das Spielgeschehen wird auch von Kindern, die nur beobachten, intensiv erlebt! Wir bleiben in der meditativen Stimmung des ruhigen und ohne Pause wiederholten Spiels. Sind alle Kinder einmal um den Kreis gegangen, legen wir den Nikolaussack wieder sorgsam in die Mitte und singen zum Abschluss einmal noch gemeinsam die kurze Melodie.

Danke, lieber Nikolaus

Das zentrale Motiv des Nikolausfestes ist Helfen, Schenken und Beschenktwerden. Uns und den Kindern bleibt nur, dem Nikolaus herzlich zu danken. Er hat uns nicht vergessen! Er hat uns seine Liebe geschenkt!

Die Kinder zeigen ihre Freude beim Singen, Klatschen und Nacherzählen. Die sprichwörtlich vor Freude glänzenden Kinderaugen – hier kann man sie erleben. Die Kinder tragen die Überraschung, die Freude und den Dank an den heiligen Nikolaus noch lange im Herzen!

Dank

Vielen Dank an Bettina Saleki
für die fachlich und formal hilfreichen Anregungen und
die viele geschenkte Zeit.
Vielen Dank an Sepp Kalleder
für den Notensatz der aus dem Bauch heraus gesungenen Lieder.
Vielen Dank an Manfred Lehner
für die wunderbaren Fotografien und die Covergestaltung.
Vielen Dank an Antje Bohnstedt
für die einfühlsame Illustration der Bücher und Kamishibai-Bildkarten.
Vielen Dank an Hildegard Kunz
für das umsichtige Lektorat.
Vielen Dank an die Kolleginnen der Valleyer Kinderstube
für die Nachsicht, wenn meine Gedanken mehr beim Schreiben
als bei den Kindern waren.
Vielen Dank an die Kinder der Valleyer Kinderstube
für ihr geduldiges Mitmachen bei so manchem Fotoshooting.
Vielen Dank an alle kleinen Kinder,
die mir seit vielen Jahren und noch immer zeigen,
worauf es ankommt – nicht nur beim Festefeiern.

Zur Autorin

Monika Lehner, Erzieherin, seit über 25 Jahren in der Betreuung Ein- bis Dreijähriger tätig, leitet eine kommunale Kinderkrippe in der Nähe von München und gibt Fortbildung für Krippenpädagoginnen.

Leuchtende Fenster, verheißungsvolle Tür

Material:

Dunkles Tonpapier, transparentes Bastel- oder Briefpapier, Cutter, Schächtelchen, etwas Samtstoff

Vorbereitung:

Aus dunklem Tonpapier schneiden wir eine Stadtsilhouette oder das Dach eines großen Hauses aus, mit ein paar Schwüngen und Erkern. In die Form werden jeweils mit einem Cutter Fenster geschnitten, auf einer Seite aufklappbar. Alle Öffnungen werden vorsichtig einmal aufgeknickt und wieder verschlossen. Hinter jedes Fenster kleben wir farbiges Papier. Am besten eignet sich hier hochwertiges Transparentpapier, da es lichtecht ist und nicht ausbleicht. Am unteren Rand wird eine Türöffnung ausgeschnitten, dahinter bringen wir eine kleine Pappschachtel an. Der entstandene Hohlraum wird mit einem hübschen Samtstoff als Vorhang im Miniaturformat verschlossen. Auf einem Fensterbrett in einem halbrunden Bogen aufgestellt, entsteht so ein zauberhaftes Adventsbild.

Zur Anwendung in der Praxis:

Mit jedem geöffneten Fenster wird das Bild farbiger und heller. Der Raum hinter dem geheimnisvollen Vorhang birgt täglich eine kleine Süßigkeit. Was für ein prickelndes Gefühl für ein Kind, die Hand in den unbekannten Raum zu stecken! Verlässt ein Kind der Mut, so öffnen wir den Samtbehang einen Spalt breit und es wird sicher gerne zugreifen.

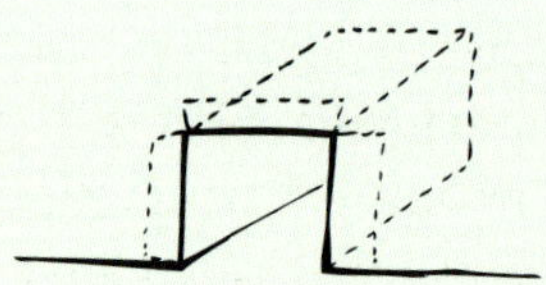

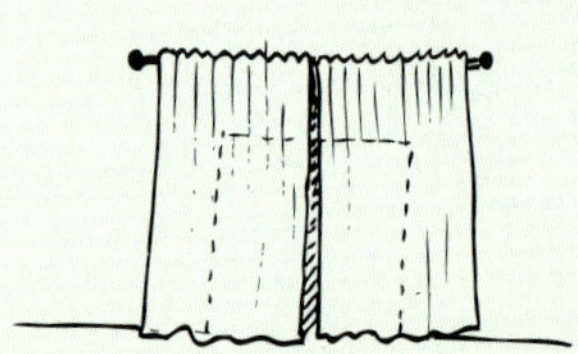

Girlande aus Tanne ... und Licht

Material:
Dicker Draht, Zweige, Dekomaterial, gefüllte Säckchen aus Filz oder Goldpapier oder alternativ Lichterkette und farbiges Tonpapier oder Goldfolie

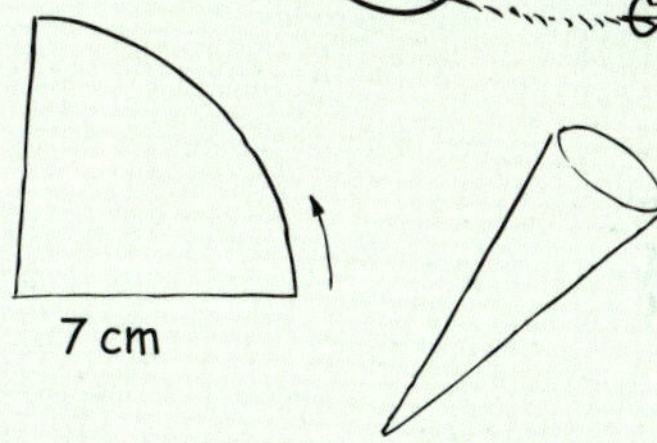

Wir binden entlang eines stabilen Drahts eine grüne Girlande aus Tannengrün, eventuell auch Efeu- oder Buchszweigen. Die Girlande wird an „prominenter" Stelle im Gruppenraum platziert und mit Filzsäckchen oder Goldpapiertüten in der Anzahl der Kinder (···> *Pragmatischer Umgang mit dem Adventskalender*, Seite 37) und gefüllt mit einer kleinen Leckerei behängt. Jeden Tag darf ein Kind ein Säckchen öffnen. Das grüne Band wird dadurch im Laufe der Wochen jedoch nicht kahl, denn für jede entnommene Gabe wird vom „Adventskind" (···> Seite 34) etwas hinzugefügt, z.B. ein gebastelter Stern oder ein paar Schneeflocken aus Watte.

Variante mit Lichterkette

Als Alternative könnte der Aspekt des wachsenden Lichts in den Vordergrund treten: Wir umwickeln die Tannengirlande mit einer kurzen Lichterkette, deren Lämpchen mit kleinen Spitztüten aus farbigem Ton- oder Goldpapier verhüllt sind. Diese werden aus einem Viertel-Kreissegment geformt und mit einem Stück Klebeband fixiert. Jeden Tag nimmt ein Kind ein Lichthütchen ab: die Tannengirlande erstrahlt so mit der Zeit immer heller.

aus: Monika Lehner: Advent und Weihnachten feiern mit Ein- bis Dreijährigen, Don Bosco, München 2011

Kleine Kinder feiern Feste

Monika Lehner

St. Martin feiern mit Ein- bis Dreijährigen

104 Seiten, farbige Illustrationen, Noten
ISBN 978-3-7698-1877-2

Staunend erleben die ganz kleinen Kinder den Laternenumzug beim St. Martinsfest, viele von ihnen zum ersten Mal! Altersgemäßes Rollenspiel und geteiltes Martinsgebäck bringen den Kleinen die Figur des heiligen Martin nahe.

Mit Laternenliedern, Laternenwerkstatt, Fingerspielen, Martinsbäckerei und einer Menge bewährter Ideen zur Festgestaltung am Martinstag.

Monika Lehner

Advent und Weihnachten feiern mit Ein- bis Dreijährigen

104 Seiten, farbige Illustrationen, Noten
ISBN 978-3-7698-1879-6

In der Kita erleben auch schon die Jüngsten die besondere Stimmung der Adventszeit. Das tägliche Türchen im Adventskalender, die brennenden Kerzen am Adventskranz und andere Adventsimpulse strukturieren die Zeit bis Weihnachten.

Mit Spielen, Liedern, einfachen Bastelideen, Weihnachtsbäckerei und kleinen Adventsritualen zur Gestaltung der Vorweihnachtszeit.

www.donbosco-medien.de